文化昆仑

钱钟书

田禾 著

YUANFANG 远方出版社

图书在版编目（CIP）数据

文化昆仑钱钟书 / 田禾著. -- 呼和浩特 : 远方出版社，2018.5
ISBN 978-7-5555-1132-8

Ⅰ. ①文… Ⅱ. ①田… Ⅲ. ①钱钟书（1910～1998）—传记 Ⅳ. ①K825.6

中国版本图书馆 CIP 数据核字（2018）第 107782 号

文化昆仑钱钟书
WENHUA KUNLUN QIAN ZHONGSHU

作　　者	田　禾
责任编辑	孟繁龙
封面设计	一个人·设计
版式设计	武彩君
出版发行	远方出版社
社　　址	呼和浩特市乌兰察布东路 666 号　邮编 010010
电　　话	（0471）2236470 总编室　2236460 发行部
经　　销	新华书店
印　　刷	北京兰星球彩色印刷有限公司
开　　本	170mm×240mm　1/16
字　　数	180 千字
印　　张	15
版　　次	2018 年 5 月第 1 版
印　　次	2018 年 10 月第 1 次印刷
印　　数	1—10 000 册
标准书号	ISBN 978-7-5555-1132-8
定　　价	39.80 元

前 言

清华大学是现代中国人人仰慕的大学，能进入这所大学学习的人都是成绩非常优秀的人。可是，民国期间有一位年轻人在数学只考了15分的情况下竟然被清华大学破格录取，原因是他过硬的国文功底和出色的英语水平让当时的清华师生无不折服。进入清华大学之后，这位非同一般的年轻人就立下了令人吃惊的誓言：他要横扫清华图书馆。果不其然，他一目十行的读书速度和照相机的一般的记忆力再一次让他的同学和老师赞叹不已。

这名优秀的学生上课从来不做笔记，往往在听课的同时还要满不在乎地看闲书或者画画、练书法，可每次的考试成绩都是第一名。

他国文造诣非常深厚，著名现代作家沈从文曾经这样描述他：“学识渊博得有些‘吓人’”；他谈吐幽默，被称为比喻大师和幽默大师。

他，就是被评为20世纪文化名人、被世界学者公认为中国“文化昆仑”的钱钟书。

对于当代在学校学习的青年人来说，钱钟书神秘而具有无穷的魅力。超凡的记忆力、博览群书的学习精神、幽默风趣的口才、无所不知的博学、淡泊明志的人格，让钱钟书成为世界级的知名学者。

有位外籍记者曾经说过这样一句话：“我来中国有两个愿望：首先是游览万里长城，然后就是要见一见钱钟书。”钱钟书和万里长城一样，成为了中国文化的一个象征。很多国外的“钱迷”不远万里来到中国，目的就是想见见心目中的偶像。

可是，钱钟书常常闭门谢客。

他静下心来搞文史研究，不喜欢访友拜客。钱钟书这么做并非故作高深，而是他惜时如金，不求闻达。他一心学习，研究学术……

他一生痴迷读书，只要有书读，有一个宁静的环境，住在什么地方无所谓。“文革”期间，钱钟书在河南干校期间生活非常艰苦，可他一有空就找书看。杨绛在《干校六记》中记载了夫妻二人这样一段对话：

“默存过菜园，我指着窝棚说：‘给咱们这样一个棚，咱们就住下，行吗？’默存认真想了一下说：‘没有书。’真的，什么物质享受，全都罢得；没有书却不好过日子。”

这就是痴迷读书的钱钟书，只要有书读，别的都不重要，他的生活除了书之外，可以什么都没有。

正因为钱钟书痴迷读书，会读书，随后才博学多才。他精通多国语言，有时候，他讲的外语能让外国人感到羞愧，原因是他的外语水平比外国人高出很多。钱钟书是我国公认的英语权威，曾经担任《毛泽东选集》英文翻译委员会成员。

钱钟书曾经说过：“自传就是他传，他传就是自传。”这句话蕴含着丰富的哲理。让我们走进已经作古的这位国学大师，探究他富含哲理的人生和不慕名利的高尚情操。

目录

CONTENTS

第三章

到欧洲去留学

第四章

抗战岁月中的“围城”

第五章

英姿勃发正当年

第一章 聪慧的少年才子

丰厚文化底蕴的家庭

钱钟书是江苏无锡人，故居在无锡的一条非常宁静的小巷子里。巷子原名叫做“七尺场”，现在已经改称为“新街巷”了。走进那条巷子，就会看到标有“30 号”门牌的一幢江南常见的具有传统风格的旧式民居，左右墙角还留存着花岗岩界石，上面阴刻着“钱绳武堂”四个红字。钱钟书的祖父钱福炯在 1923 年修建了这所宅院，因为院子里有一棵盛开的梅花树，所以又称作“梅花书屋”。1910 年 11 月 21 日（农历十月二十日），国学大师钱钟书就出生在这家书香门第。

值得一提的是，在无锡还有个钱家大院，但这不是钱钟书的祖宅，而是另外一家钱姓宅院。钱钟书祖父也是无锡一带的地方乡绅。这两家钱姓是否有血缘关系？旁人不得而知。不过，从中可以看出钱姓家族在无锡一带非同一般的影响力。

早在五代时期，赫赫有名的吴越王钱镠称雄吴越大地，从此让钱姓家族牢牢地扎根在了长江口区域，并扬名天下。根据记载，在无锡的钱姓家族大多是钱镠的后代。据考证，从八世祖钱迪开始迁居到无锡梅里堠山之后，到钱钟书这一代已是第三十三代了。钱钟书曾祖父叫钱维侦，字榕初，另字寄香，是清廪贡生（以廪膳生员的资格做的贡生），候选训导。钱钟书的祖父钱福炯，是清附贡生（通过纳捐取得的贡生），试用训导，加捐五品衔。廪贡生也好，附贡生也罢，这些虽然不属于功名，但至少可以说明钱钟书祖上属于无锡一带的名门望族。另外，钱家世世代代热心兴办教育，属于颇有名望的乡坤。钱钟书的伯父钱基成，字子兰，后来也考取了清末的秀才。钱钟书的父亲钱基博，字子泉，与叔父钱基厚（字心卿，后改孙卿）是孪生兄弟，都生于1887年（光绪十三年），二人后来在不同的领域都成就辉煌。

钱钟书的祖母娘家姓孙，是无锡石塘湾的大地主，在当地很有势力。伯母娘家是江阴一带做颜料的大商人，家里有七八条运送货物的大船，生意非常红火。从钱家结亲的这些人家可以看出，当时的钱家在无锡属于名门望族之列。不过，按照钱家的传统说法，钱家祖坟上的风水是旺小不旺大，一家的长房有子息的很少，即便是有也不可能有多大出息，人生比较平凡。相对来说，次房有子息的可能性很大，并且都会有辉煌的人生。钱钟书还有一位二伯父，但去世过早。钱钟书的大伯父比钱钟书父亲大十四岁，是家中长子，其妻子娘家尽管有势力，但婆媳之间关系并不融洽，以至于让父子情分也受到了影响。根据杨绛的描述，钱钟书的伯父考中了秀才，本来是一家人高兴的事情，想不到他刚进门反遭到其父亲的一顿打，原因是要“杀杀他的势气”。钱钟书的祖父前边先后有两位兄长考中举人，可他自己一生中考取的功名就是一个秀才。钱基博、钱基厚这对孪生兄弟相貌非常相似，一般人很难分辨。不过，和二人接触之后就会发现，他们二人的性格差异很大。兄长钱基博深沉稳重，不善言谈；弟弟钱基厚头脑灵活，能言善辩且有惊人的记忆力。

钱钟书的伯父一生平平淡淡，可他的两位兄弟即钱钟书的父亲钱基博和叔父钱基厚相对来说人生却比较辉煌，二人在不同的领域内都成就非凡。

钱基博喜欢研究文史，后来走向国学研究的道路，成为我国现代著名的文史学家。1913 年，钱基博担任民国无锡县立第一小学文史地教员，1918 年担任无锡县图书馆馆长，1920 年后任吴江丽则女子中学国文教员、江苏省立第三师范学校（现无锡高等师范学校）国文与经学教员及教务长。1923 年后，钱基博凭借博学的文史素养走出了江苏省，先后担任上海圣约翰大学国文教授、北京清华大学国文教授、南京中央大学（1949 年改名为南京大学）中国语文学系教授、无锡国学专修学校（现苏州大学）校务主任、光华大学（今华东师范大学）中国文学系主任及文学院院长等职。1937 年，中国抗日战争爆发后，钱基博任浙江大学中文系教授、湖南蓝田国立师范学院（现湖南师范大学）国文系主任、南岳抗日干部训练班教员。1944 年，日军进犯湖南，著名将领王耀武苦劝钱基博撤离，钱基博不为所动，依然留守师范学院，王耀武不得不强行将钱基博转移，足见钱基博在当时学术界的地位。1946 年抗战胜利后，钱基博任武汉华中大学（今华中师范大学）教授。1957 年 11 月 30 日去世，著有《钱基博国学必读》一书。

钱基博是国文大家，而钱基厚则是当地著名的社会活动家，他积极投身于社会事业，一心为人民排忧解难。军阀混战开始后，战火烧到了无锡。为了能让无锡免遭战火的涂炭，钱基厚就拿了好多钱找到军阀头领，保护了全无锡城百姓的安全。钱基厚做过无锡商会的会长，是无锡工商界当之无愧的代言人，在无锡当地的威望非常高。1949 年中华人民共和国建立前夕，国民党准备逃往台湾，钱基厚将大批的粮食非常及时地转移到“安全地带”，为人民的生活保障做了巨大贡献。中华人民共和国建立后，钱基厚被任命为苏南行署副主任，后来还担任江苏省工商联主委。

值得一提的是，尽管钱基博、钱基厚兄弟二人有如此大的成就，可他们的启蒙老师却是人生比较“潦倒”的大哥，也就是钱钟书的伯父。因此，当钱钟书到了学文化的年龄时，伯父就当之无愧成为钱钟书的启蒙老师。

钱钟书的伯父没有儿子，只有一个女儿。长孙钱钟书生下来之后，按照中国的传统，就过继给了大伯父。伯父为了养活钱钟书，连夜冒雨到乡下寻找了一个刚刚夭折孩子的寡妇，用她的奶水养大了钱钟书。钱钟书称呼她为姆妈。根据杨绛后来的描述，钱钟书的这位姆妈一生在钱家做帮工。在钱钟书准备和杨绛结婚时，姆妈特意为杨绛买了一只镶金的翡翠戒指。可惜的是，这枚对于钱钟书来说意义非凡的戒指却为这位姆妈招来了骗子，最终让姆妈物财两空，遭受如此重大打击的她最终郁郁而终。

钱钟书出生的当天，碰巧有人给钱家送来一部《常州先哲丛书》，伯父就给钱钟书取名仰先（有仰慕先哲之意），字哲良。一年之后，按照中国传统的习俗，钱钟书满周岁之后就要“抓周”。结果，钱钟书抓了一本书，伯父因此给钱钟书取学名钟书，字墨存。这样一来，仰先就只能做小名使用，改称阿先，后来又感觉“先”字有过世的意思，比如先父、先兄等，于是，就将先改成宣。不过，这只是伯父的意思，父亲并没有给钱钟书改名字，依然称呼儿子为阿先。从这个角度可以看出，钱钟书的成长得益于伯父、伯母和父母亲双方的影响。伯父、伯母的影响比较间接，而父母的影响则比较直接。

钱钟书的生母是清末民初著名小说家王西神的妹妹。王西神曾经担任创刊于上海的《小说月报》的首任主编，并首次在中国建立作者稿酬制度，开创了“撰写文章可以挣钱”的先河，为知识分子的谋生开辟了一条道路。

钱钟书出生后不到一年，祖母去世，祖父和伯父的关系依旧不是很好，所以钱钟书也没有得到祖父的宠爱。伯父担心钱钟书日后会像自己一样没出息，就暗地里到理发店买了几斤头发，然后带领一个佃户和钱钟书一起来到祖坟，将头发埋在上首几棵树的树根旁边。上首自然代表长房，而头发肯定就是“头大的旺发”之意。伯父这样对钱钟书说，上首的树荣发之后，“将来你做大总统”。从这件事上可以看出，伯父对钱钟书寄予了厚望，希望他不像自己一样人生平淡。

小说与游戏

钱钟书的伯父尽管一生没什么作为，但在启蒙子弟学文化方面为钱家立下了不朽的功勋。钱钟书的父亲、叔父，包括后来成为国学大师的钱钟书和后来成为中国科学院院士的钱钟书的堂弟钱钟韩在内，都是钱钟书的伯父启蒙的国文教育。杨绛在《钱钟书与〈围城〉》里这样描述当时的情况：

“钟书四岁（我纪年都用虚岁，因为钟书只记得虚岁，而钟书是阳历11月下旬生的，所以周岁当减一岁或二岁）由伯父教他识字。伯父是慈母一般，钟书成天跟着他。伯父上茶馆，听说书，钟书都跟去。他父亲不便干涉，又怕惯坏了孩子只好建议及早把孩子送入小学。钟书六岁入秦氏小学。现在他看到人家大讲‘比较文学’，就记起小学里造句：‘狗比猫大，牛比羊大’；有个同学比来比去，只是‘狗比狗大，狗比狗小’，挨了老师一顿骂。他上学不到半年，生了一场病，伯父舍不得他上学，借此让他停学在家。他七岁，和比他小半岁的堂弟钟韩同在亲戚家的私塾附学，他念《毛诗》，钟韩念《尔雅》。但附学不便，一年后他和钟韩都在家由伯父教。伯父对钟书的父亲和叔父说：‘你们两兄弟都是我启蒙的，我还教不了他们？’父亲和叔父当然不敢反对。

其实钟书的父亲是由一位族兄启蒙的。祖父认为钟书的父亲笨，叔父聪明，而伯父的文笔不好。叔父反正聪明，由伯父教也无妨；父亲笨，得请一位文理较好的族兄来教。那位族兄严厉得很，钟书的父亲挨了不知多少顿痛打。伯父心疼自己的弟弟，求了祖父，让两个弟弟都由他教。钟书的父亲挨了族兄的痛打一点不抱怨，却别有领会。他告诉钟书：‘不知怎么的，有一天忽然给打得豁然开通了。’”

和钱钟书一起接受伯父启蒙教育的，还有钱钟书的堂弟钱基厚的儿子钱钟韩，兄弟二人四五岁时就开始在家中让伯父启蒙学习文化知识。1918 年，兄弟二人被送入钱家亲戚的私塾中读书，钱钟韩后来这样回忆当时的情景：“我开始读《尔雅》，这是私塾先生的主张。此书诘屈聱牙，不知所云，全靠死记硬背，我为此经常挨打，吃了不少苦头。钟书读的却是《毛诗》和《孟子》，比较流畅好懂。我对此十分羡慕——看来读《尔雅》并不是我父亲和伯父的主张，而是我祖父听了私塾先生的主张而在我个人身上进行试验，因为其他同学都没人读，这本关于上古时代的训诂书是最不适合的启蒙读物，对我来说是一次彻底的失败。”

钱钟书的父亲和叔叔都有自己的职业，因此家里的一些事务自然就归伯父打理。这样一来，小钟书就会像小尾巴一样跟着伯父走街串巷，看着伯父和街坊邻居说东道西，和小商贩谈价钱。在钱钟书的记忆中，伯父曾经给他拿一个铜板买了一个酥油饼。那个酥油饼给童年的钱钟书留下了深刻印象，以至于后来结婚之后还对杨绛提及此事。

钱钟书和堂弟钱钟韩只是在下午才上文化课，所以空闲时间比较多。钱家属于书香门第，对国学比较重视，因此家中的藏书都是诸如《西游记》《三国演义》《水浒传》之类的名著，对书籍情有独钟的钱钟书小时候看书同样不乏“囫囵吞枣”的毛病。他对家里的那些名著小说胡乱翻看之后，眼光瞄向了外面。当时正值民国初年，地方小镇有很多书铺子或者书摊，喜欢看书的人可以租借一些书来看。伯父就给钱钟书两个铜板去外面租书读。那些书都是一些通俗小说，比如《隋唐演义》《济公传》《七侠五义》。令人难以理解的是，从小对数学非常厌恶的钱钟书竟然对书中那些好汉们的兵器类别以及重量记得非常清楚。

小时候的钱钟书非常钦佩秦汉时期的大英雄项羽，为此还给自己起了一个笔名“项昂之”，其中含义就是佩服项羽的英雄气概。当时，无锡中药铺子卖中草药时，每一味药都需要用两层纸包裹，其中一张是白纸，另一张写有药名和药性。这样一来，买一副中草药便可攒下一份包药的纸，而那种纸非常适合写字画画。钱钟书八九岁时就时常用这种纸临摹伯父收藏的《芥子园画谱》，要不就临摹印在《唐诗三百首》里面的诗配画。做了这些之后，钱钟书还得意地在每幅画上挥笔署上“项昂之”的大名。

杨绛在《记钱钟书与〈围城〉》里这样描述自己了解的情景：

“钟书吃了酥饼就孜孜看书，直到伯父叫他回家。回家后便手舞足蹈向两个弟弟演说他刚看的小说：李元霸或裴元庆或杨林（我记不清）一锤子把对手的枪打得弯弯曲曲等等。他纳闷儿的是，一条好汉只能在一本缩略称雄。关公若进了《说唐》，他的青龙偃月刀只有八十斤重，怎敌得李元霸的那一对八百斤重的锤头子；李元霸若进了《西游记》，怎敌得孙行者的一万三千斤的金箍棒（我们在牛津时，他和我讲哪条好汉使哪种兵器，重多少斤，历历如数家珍）。妙的是他能把各件兵器的斤两记得烂熟，却连阿拉伯数字的1、2、3都不认识。”

钱钟书在伯父的引导下从小接受国文教育，不喜欢数学，而接受新文化教育的父亲深知数学的重要性，很想抽机会给小钟书补习数学知识，可是，他又担心这样做会惹得哥哥不高兴，只好寻找理由给小钟书补习数学。钱钟书对数学知识很反感，学不会，从小因为学习挨过痛打的父亲就想用同样的办法“教育”小钟书，可又担心哥哥听见，于是父亲就用手拧，并且不许小钟书哭出声。到了夜晚，伯父看到脱下衣服的小钟书身上的淤青，非常心疼。

钱钟书伯父深受中国传统教育，了解孩子学习文化课的同时更需要锻炼身体。他不知从哪里了解到一套练习武功的门路，在房梁上挂一大团棉花，然后指导小钟书从不同方向打击，说这叫“棉花拳”，是一种软功夫。钱钟书体质不错，跟小时候练习武功有关系，但没有听说钱钟书武功怎么样，足见钱钟书对文化的热爱最终超越了对武功的练习。

钱钟书的伯父喜欢喝酒，自己没有正当职业，手里没有多少钱，下酒菜就买一些猪下水之类的，期间少不了让小钟书也一起解解馋，还给这些熟食起了诸如“龙肝凤髓”之类很多稀奇古怪的名称。小钟书还非常喜欢跟着伯母到外婆家去。伯母娘家是江阴的大户人家，家里有一个非常大的庄园。小钟书到这里后就跟在庄客屁股后头到田野里跑来跑去，美丽的田园风光给幼小的钱钟书留下了深刻的印象。伯母娘家尽管善于经营商业，但文化底蕴很差，最后发展到全家男女老少都抽大烟的地步。后来，伯母自然也加入了抽大烟的行列。这让钱钟书父亲非常担心，担心儿子因为贪玩沾染烟瘾而荒废了学业。

小钟书在江阴无拘无束，很多坏习惯也随之滋生，晚睡晚起，贪吃贪玩，还将这些带到了家里。当时有一位女裁缝经常带着小女儿宝宝来钱家做活，小女儿比钱钟书大两三岁，长得不但漂亮，而且活泼可爱。钱钟书和堂弟钱钟韩时常吓唬小女孩。有一次还将小女孩抓到大厅隔扇上，拿削铅笔的小刀装模作样要刺小女孩，小女孩吓得大哭大叫。大人们赶紧跑了过来。兄弟二人感觉这件事非常可乐，感觉应该立一块碑纪念一下，就在那个隔扇上面刻下“刺宝宝处”四个字。当时，这四个字都是繁体字，很难刻，是钱钟韩费了九牛二虎之力才刻上去的，足见二人的顽皮。这段时间，小钟书不知怎么回事非常痴迷人参的“妙用”。他感觉院子里的一颗玉兰树下或许有人参，就找来铁锹开始挖，最终把那颗玉兰树的根刨伤了，树叶都枯萎了。当时，钱家“七尺场”的老宅院正在修整，现在的房子是租住别人家的房子。当钱家乔迁新居要退租的时候，这房子的主人因为刻字和刨树两件事还找钱家理论，要求给予赔赏。

杨绛在《钱钟书与〈围城〉》里边这样描述钱钟书小时候爱玩游戏的情景：

“钟书小时最喜欢玩‘石屋里的和尚’。我听他讲得津津有味，以为是什么有趣的游戏：原来只是一人盘腿坐在帐子里，放下帐门，披着一条被单，就是‘石屋里的和尚’。我不懂那有什么好玩。他说好玩得很；晚上伯父伯母叫他早睡，他不肯，就玩‘石屋里的和尚’，玩得很乐……”

从小学到中学

钱钟书的伯父是清末的秀才，在国学方面有一定的造诣，可是，民国初立，废除科举之后崇尚新学，他的秀才就随之被“废除”了。然而，钱钟书的父亲和叔叔在兄长的教导下学有所成，都在各自的职业道路上演绎着辉煌。在这样的文化底蕴下，钱钟书和钱钟韩兄弟俩就跟着伯父上起了文化课。后来，钱钟书之所以在国学方面成就非凡，和伯父的启蒙教育是分不开的。

在私塾里，钱钟书和钱钟韩到十一岁时已经读完了《论语》《孟子》《毛诗》《礼记》《左传》等一些书，另外还有一些唐诗宋词之类的，可以拿笔写文章了。他们的大伯父尽管在国学教育方面具备一定的造诣，可他属于旧式文人，而民国是提倡新学教育的。在这样的大背景下，钱基博和钱基厚二人就和大哥商议，决定把两个孩子送往民国的新式学堂，去接受正式的新学教育，直接送入了无锡县立第二高小（即东林小学）。这一年，钱钟书十一岁。从此，钱钟书和钱钟韩兄弟开始进入民国教育体制学校。二人学习数学，认识阿拉伯数字，练习运算。

兄弟二人之前在私塾从未接触过数学，所以开始难度太大，钱钟韩依靠勤奋自学，数学成绩不仅赶上了同学，而且还非常优秀；钱钟书不喜欢数学，数学成绩非常不好。兄弟二人在小学阶段已经显出人生道路的选择：钱钟书后来成为国学大师，而钱钟韩成为科学院院士。

就在钱钟书进入东林小学的那年秋天，伯父去世了。当时，小钟书还在学校上学，家里人找到学校，告诉他伯父已经病危。小钟书和伯父亲如父子，所以听到这个消息后就一路哭叫着“伯伯”赶回了家。伯父已经处于昏迷状态，小钟书非常伤心，历经了人生首次丧失亲人之痛。

伯父去世之后，按照传统族制，小钟书依然需要跟随伯母生活。不过，这段时间里伯母娘家处于急速衰败状态。一家人每人一杆大烟枪，其开销可想而知。家境的衰败导致家人的不幸，伯母的兄弟先后去世，家里的生意很快萧条，大货船也卖给了别人。伯母没有了依靠，在钱家除了长房应该有的月钱，另外的生活费用都需要钱钟书的父亲承担。小钟书上学的学费、书费，自然更需要父亲来出。可是，上学期间的零用开支，小钟书就羞于向父亲开口了。比如学期中间增添课本书籍，只能不买；学习用的练习本，只能用伯父生前用毛边纸、纸捻子凑合钉成的本子；还有笔，别的同学都有一支笔杆，很多个钢笔尖，当笔尖断了的时候可以换，可是小钟书只有一支笔杆和一个钢笔尖，笔尖断了之后就无法继续写字。不过，小钟书马上想出了办法。他找到毛竹，削尖了蘸上墨水写字。小钟书用那样的笔尖在那样的练习本上写出的作业，正确不正确先不说，老师第一眼看到后的反应肯定是厌恶。

小钟书在学校学习还有一个更大的障碍，就是视力问题。伯父生前时常为小钟书到书摊上租借小字书籍，字太小需要就近阅读，导致视力受到了影响。进入学校之后，小钟书坐到后排无法看清黑板上的字迹，这样直接影响了他的听讲和学习。

如此艰难的学习条件，让钱钟书幼小的心灵承受巨大的压力。当时的情况是，钱钟书的父亲有正式职业，经济状况应该不错，钱钟书需要也应该向父亲求助，但他没有那么做。这个问题，杨绛在《钱钟书与〈围城〉》里是这样描述的：

“我问钟书为什么不向父亲要钱。他说，从来没想到过。有时伯母叫他向父亲要钱，他也不说。伯母抽大烟，早上起得晚，钟书由伯母的陪嫁丫头热些馊粥吃了上学。他同学、他弟弟都穿洋袜，他还穿布袜，自己觉得脚背上有一条拼缝很刺眼，希望穿上棉鞋可遮掩。雨天，同学和弟弟穿皮鞋，他穿钉鞋，而且是伯伯的钉鞋，太大，鞋头塞些纸团。一次雨天上学，路上看见许多小青蛙满地蹦跳，觉得好玩，就脱了鞋捉来放在鞋里，抱着鞋光脚上学；到了教室里，把盛着的钉鞋放在抬板桌下。上课的时候，小青蛙从鞋里出来，满地蹦跳。同学忙着看青蛙，窃窃笑乐。老师问因由，知道青蛙是从钟书鞋里出来的就叫他出来罚立。有一次他上课玩弹弓，用小泥丸弹人。中弹的同学嚷出来，老师又叫他罚立。”

钱钟书上学比较“困难”，竟然有时候要穿已经去世的伯父的鞋。即便这样，他也不愿意向父亲张口要钱。分析其中原因，无非是个习惯问题。钱钟书从小跟着伯父长大，思想上已经和伯父形成了父子关系，自然就和亲生父亲在心理上形成了隔阂。尽管伯父去世了，可在心理上还难以改变之前的习惯做法。

就这样，钱钟书艰难地上完了四年高小。当年，堂弟钱钟韩也一起毕业。钱钟韩成绩非常优秀，而钱钟书因为数学的影响成绩可想而知。

据钱钟韩后来回忆说，当他们两人在东林小学读书时，每天下午放学后，钱基博（时在无锡第三师范任教）就要他们去他办公室自修或教读古文，等到在校学生晚餐后，才带钟书和钟韩两兄弟回家。钱钟书除了学校规定的作业外，还得读古文名著。

高小毕业之后，十四岁的钱钟书和堂弟钱钟韩都考上了美国圣公会在苏州开办的教会学校：桃坞中学。

父母为钱钟书置备了行装，除了学费、书费之外还给了他零用钱。从时间理念分析，伯父已经去世三四年了，此时的钱钟书已经从内心上接受了父母的亲情，和伯父刚刚去世的时候大不相同了。

自此，钱钟书就和钱钟韩一起来到苏州上学，他除了数学成绩不好之外，其他科目都很好，尤其国文和英语的成绩都出类拔萃。刚刚进入中学的时候，因为是美国人开办的学校，所以上体育课要求用英语喊口令。钱钟书因为英语成绩好而当上了班长。不过，钱钟书小时候有些“痴气”。比如，他记不清自己的生日。小时候分不清左右，以至于穿鞋不分左右脚。钱钟书最终因为左右不分而被罢免了班长职务。

中学期间，钱钟书的父亲钱基博来到北京清华大学任教。有一年钱基博寒假回家遇到了阻塞。这样一来，钱钟书的假期就没有了严父的管束，可以放开手脚做喜欢做的事情了。钱钟书痴迷读书，他就借了很多诸如《小说世界》《红玫瑰》《紫罗兰》等文学刊物，然后开心阅读。父亲钱基博到天津改乘轮船回家之后，寒假已经过半。治学严谨的钱基博回家第一件事自然是检查孩子们的学习情况，他让钱钟书和钱钟韩每人写一篇文章。结果，钱钟韩写的文章很好，得到了钱基博的称赞，而之前一心看杂志小说的钱钟书的文章则写得不伦不类。

钱基博勃然大怒，不顾家人的劝阻，狠狠地痛打了钱钟书一顿。当天晚间，家人都在一起说说笑笑，唯独钱钟书一人因为挨了打又痛又羞呜呜地哭。或许，这顿打惊醒少年钱钟书的勤奋学习精神。从此后，钱钟书发奋学习，写作大有进步，很快得到了父亲的认可。他写古文有时不按照父亲教导的方法，但是同样可以受到父亲赞许。

1927 年，桃坞中学停办，钱钟书和钱钟韩一起考入美国圣公会办的无锡辅仁中学。这段时间，钱基博对钱钟书的管教更加严格。钱钟书时常为父亲代笔写信，开始从口授到代写，后来由代写信到代作文章。此时的钱钟书已经成为令父亲得意的儿子了，钱基博对儿子的文笔非常满意。有一次，钱钟书代替父亲为乡下的一个大户人家写了一篇墓志铭。吃中午饭的时候，钱钟书的姆妈听到了钱基博称赞那篇墓志铭的话语，激动的她马上找到了钱钟书，并当着钱钟书伯母的面说："阿大啊，爹爹称赞你了！说你文章做得好！"这是钱钟书第一次听说父亲称赞自己，内心了充满了甜蜜和喜悦，让他终生难以忘怀。

根据杨绛的描述，当时商务印书馆要出版钱穆的书《国学概论》，让钱基博做序，钱基博就想到了儿子钱钟书，就让儿子撰写了那篇序文。钱基博审视了一遍，一字没改就交到了出版社。从这件事可以看出，当时钱钟书在国文上的功力已经达到炉火纯青的地步了。以下是钱钟书为父亲钱基博代笔的钱穆《国学概论·序》：

"宾四此书，属稿三数年前。每一章就，辄以油印本相寄，要余先睹之。予病懒，不自收拾，书缺有间，惟九章《清代考证学》、十章《最近期之学术思想》以邮致最后得存。馀八章余皆亡之矣。虽然，其自出手眼，于古人貌异心同之故，用思直到圣处，则读九、十两章，而全书固可以三隅反者也。第十章所论，皆并世学人，有钳我市朝之惧，未敢置喙。第九章竟体精审，然称说黄梨洲、顾亭林、王船山、颜习斋而不及毛奇龄，是叙清学之始，未为周匝也。殿以黄元同、俞荫甫、孙仲容而不及陈澧，是述清学之终，未为具尽也。西河生产浙中，姚江之学，故为乡献，其全书屡推良知为入圣阶梯。所作《折客辨学文》，以为“知行合一”，亦发于朱子《中庸注》，特朱子不能践而王践之，几乎晚年定论之说。则其与朱子相水火，宁挟私好胜而已哉？无亦曰素所蓄积然也。然毛氏虽奉著意精微之学，雅不欲拾前人馀唾，以支离榛塞斥朱子。乃务为弘览博物，针朱膏肓，起朱废疾，以见即朱子之于传注，亦非真能留心。此则承数百年朱陆异同之辨，而入徽国之室操矛以伐徽国者也。学问镃镃，与古为新，岂得举亭林、梨洲诸君子而概以掩之乎？焦理堂作《西河集序》，仅以开始之功归之（《揅经室集·西河全集序》，实雕菰手笔。见《鄦斋丛书》理堂先生轶文中），固云皮相，即洪良品驳正全谢山论西河诸文（见洪《致袁忠节书》，在《于湖题襟集》中，洪文惜未之见），恐亦考订名物而已，于毛氏精神命脉所在，未之或见也。毛氏即以朱子之学反害朱子，递嬗三百年，考证之言满天下。学者穷而思变，通经学古如焦理堂，亦谓时人折宋申汉，其弊足贼人心而害经学（见《与阮芸台论易书》，录《且补斋题跋》中，亦雕菰轶文，而《鄦斋丛书》所未及收者）。重以遭时多难，世奋于武，言经世者失学而遁于朱子。其恣肆如孙芝房、姚石甫之流，皆以汉学为诟厉。高心空腹，朱子固且以斥陈同甫者斥之耳。然世人遂知宋学于讲章语录而外，别有挟策横议之学。后来永嘉之由晦而显，盖滥觞于是矣。东塾骏作粤中，不以时人托朱子以自重者尊朱子，而以西河之所以斥朱子者归功于朱子，以为凡考证之讥朱子，皆数典而忘其祖者也。援汉入宋，犹夫亭林‘经学即理学’之意，而识力胜于方氏之作《商兑》矣。岂以二人者尚不足宾四所耶！乃无一字及之，不已略乎！宾四论学与余合者固多，而大端违异。其勇于献疑发难，耳后生风，鼻头出火，直是伯才。岂敢援憨山信不信以为说！要归于不相菲薄不相师而已。今则譬之无米而炊，不得不就此一章毛举细故。宾四将笑吾为窘耶？又此章于梁氏《概论》，称引颇繁。其非‘经学即理学’一语，亦自梁书来。然梁氏忍俊不禁，流为臆断。李详所驳，虽其细已甚，足征梁书于名物之末，疏漏亦弥复可惊。宾四佳人，乃亦耽此耶？略忆此书前八章亦专言经子，不及文史，控名责实，岂屏之不得与于国学？抑张皇补苴，而有所未备耶？顾此所云云，特初稿如是，今定本当已有增改耶？宾四日进无疆，而余执不全之本、未是之稿，以定宾四之所新得，于是乎不足以尽宾四矣。虽然，苟征之鄙说而不期而合，则余与宾四冥契于无言之表，方且诵杜陵‘吾宗老孙子’之语，而相视以笑，莫逆于心也。宗人基博谨序。十九年七月。”

这是钱钟书的文章首次登载“大雅之堂”。尽管是为父亲代笔，但在其心目中，这篇序文非同凡响。几十年之后，从来不愿意“回忆往事”的钱钟书曾经破例告诉了杨绛，杨绛才将这件事公之于众。

钱钟书和堂弟钱钟韩年龄相仿，小时候一起在伯父的启蒙下学习国文，后来一起进入民国体制教育下的高小和中学学习。出于男孩子的天性，二人在学习方面一直处于比赛竞争的状态。不过，钱钟书和钱钟韩的天赋存在明显的差异。钱钟书喜欢文史，对国文和英语显示出非同一般的天赋，出口成章，才华出众，其超人的记忆力不仅让周围的同学折服，还让老师和前辈大为惊叹。钱家的同辈孩子在文史方面成绩都不错，但相比钱钟书都略显逊色。钱钟书的思维方式偏重于形象思维，对于抽象的逻辑思维非常不感兴趣，因此导致他数学成绩很差。相对而言，钱钟韩在文史方面难比钱钟书，但他长于数理知识，抽象的逻辑思维非常强。钱钟韩的国文和英语两科成绩不如哥哥钱钟书，可除此之外其他各科成绩都在班里都是出类拔萃的，并且均衡发展，每学期期末的总成绩几乎都是第一名。值得一提的是，当时时至民国初年，新学初立，新学只是处于提倡状态，人们内心依然对传统的国学非常重视。尤其是在钱家这样的大家庭里，国文的地位明显高于数理。这样一来，钱钟书就当之无愧成为钱家的天才，而钱钟韩倍感压力巨大。

1929 年，钱钟书和钱钟韩兄弟二人中学毕业，随后一起考大学。结果，国文和英语成绩优秀的钱钟书被清华大学破格录取，钱钟韩也以优异的成绩同时考上了清华大学和上海交通大学。很有自知之明的钱钟韩没有选择清华，他进入了以数理知识见长的上海交通大学，从此这对兄弟走上了不同的学业道路，而后又在各自的事业道路上有了非同寻常的建树。钱钟书后来成为享誉世界的国学大师、文化昆仑，而钱钟韩从事热物理学和热工仪表自动化研究，在 1980 年当选为中国科学院院士。

第二章 在清华大学

过人的国学和英语造诣

清华大学的前身是美国用“庚子赔款”在北京设立的“游美学务处”，具体工作是在中国学生中选拔去美国留学的学生，民国元年改名“清华学校”。1928 年，国民政府正式改称“国立清华大学”，并任命罗家伦为校长。

罗家伦（1897—1969），字志希，笔名毅，浙江绍兴人，著名教育家和社会活动家。早年求学于上海复旦公学，毕业于北京大学，是蔡元培的学生。罗家伦曾经参加五四运动，并第一次提出这个历史名词，思想进步。担任清华大学首任校长期间，罗家伦积极推动新文化建设和教育改革。在罗家伦校长的促使下，钱钟书才得以被当时的清华大学破格录取。当时，清华大学和北京大学都是中国著名的大学，两所大学的教授还互相兼课，在国文教育方面都比较突出。至于清华大学以发展理工科为主，那是中华人民共和国成立之后的事情了。清华和北大都是综合性大学时期，都注重国文科目。钱钟书正是用过人的国文和英语成绩赢得了清华大学的青睐，最终打动了罗家伦。

1929年，十九岁的钱钟书以优异的成绩毕业于无锡辅仁中学，考入清华大学外国语言文学系。那一年，钱钟书的伯母去世。杨绛在《记钱钟书与〈围城〉》里这样描述当时的情景：

“秋季就到北京上学。他父亲收藏‘先儿家书’是那时候开始的。他父亲身后，钟书才知道父亲把他的每一封信都贴在靶子上珍藏。信写得非常有趣，对老师、同学都有生动的描写。可惜钟书所有的家书（包括写给我的），都由‘回禄君’收集去了。”

钱钟书数学成绩非常不好，这一点在小学和中学时段已经显露无疑。因此，钱钟书考上清华时，有很多人认为钱钟书报考清华的数学成绩是0分，按照规定是没有资格进入清华大学学习的。不过，钱钟书的国文和英语成绩非常优秀，当时的清华大学校长罗家伦就破格录取了钱钟书。这种说法非常合乎情理，更让钱钟书的“清华学业”富有传奇性。1979年，中国社会科学院代表团访问美国，钱钟书也是代表团成员之一。在4月23日的哥伦比亚大学座谈会上，有人向钱钟书提出了这个问题。当时，钱钟书回答是并非0分，不过他随后解释说：“我数学考得不及格，但国文及英文还可以。为此事，当时校长罗家伦还特地召我至校长室谈话，蒙他特准而入学。我并向罗家伦弯腰鞠躬申谢。”从钱钟书的话里可以看出，他只是说当时数学成绩是不及格，并没有说出准确成绩。后来，钱钟书应邀去日本访问，在京都的座谈会上同样遇到了这样的问题。这一次，钱钟书说出了当时数学的准确成绩：15分——“不过仍然不及格就是”。1982年，杨绛在胡乔木的邀请下写了一篇《记钱钟书与〈围城〉》，她在文章中这样写：“钟书考大学，数学只考得15分。”这样一来，钱钟书当年考清华的数学成绩肯定就是15分无疑了，不过，这样更能显示钱钟书在国文和英语方面的超常实力，最终才会让罗家伦校长慧眼识珠，为国家留住了这位国学大师。

进入清华大学之后，钱钟书很快声名远扬：出类拔萃的国文和英语水平、照相机一般的记忆力让周围的同学佩服得五体投地。钱钟书进入清华后就发出豪迈的誓言：横扫学校图书馆。钱钟书的国文造诣非同寻常，对哲学和心理学还情有独钟，所有这一切促使钱钟书终日畅游在书海中，废寝忘食一般博览群书。钱钟书每天都要从清华图书馆借一大堆书，抱回宿舍如饥似渴地阅读，还要用又粗又黑的笔画出自己认为重要的字句。图书馆很多冷门的线装书之前很少有人借阅，如今，这些书的借书单上都出现了钱钟书的名字。据钱钟书当年清华的同学许振德回忆："图书馆借书之多，恐无能与钱兄相比者，课外用功之勤，恐亦乏其匹。"更让周围同学惊讶的是，钱钟书看书似乎有过目不忘的本领，只要是他喜欢的书，看一遍就可以一字不落地背下来，同学们都称作"照相机式的记忆能力"。

更让周围同学吃惊的还是钱钟书在课堂上的表现。同学很快发现，钱钟书上课从来不做笔记，听教授讲课总是一副漫不经心的样子，要不随手看闲书，要不随手画图画，要不就写字练书法。可是，每次考试之后，钱钟书的成绩都是第一名，并且还屡次得到清华大学超等的破纪录成绩，此举让周围的同学羡慕不已。杨绛在《钱钟书与〈围城〉》里这样描述钱钟书在清华的情景：

"钟书在清华的同班同学饶余威1968年在新加坡或台湾写了一篇《清华的回忆》，有一节提到钟书：'同学中我们受钱钟书的影响最大。他的中英文造诣很深，又精于哲学及心理学，终日博览中西新旧书籍，最怪的是上课时从不记笔记，只带一本和课堂无关的闲书，一面听讲一面看自己的书，但是考试时总是第一，他自己喜欢读书，也鼓励别人读书……’据钟书告诉我，他上课也带笔记本，只是不做笔记，却在本子上乱画。现在美国的许振德君和钟书是同系同班，他最初因钟书夺去了班上的第一名，曾想揍他一顿出气，因为他和钟书同学之前，经常是名列第一的。一次偶有个不能解决的问题，钟书向他讲解了，他很感激，两人成了朋友，上课常同坐在最后一排。许君上课时注意一女同学，钟书就在笔记本上画了一系列的《许眼变化图》，在同班同学里颇为流传，钟书曾得意地给我看。一年前许君由美国回来，听钟书说起《许眼变化图》还忍不住大笑。”

从杨绛的这些文字中可以看出，钱钟书在清华大学学习知识是非常轻松的。

老师和同学眼中的钱钟书

钱钟书在1929年入清华园，而前后几年的清华学生里有很多著名人物：1925年入学后来成为近代著名剧作家的李健吾、著名文化传奇人物吴祖光，1926年入学后来成为著名文学专家的余冠英、客家学之父罗香林、法学家邹文海，1927年入学的后来成为翻译文学作家的曹葆华、田德望，1928年入学后来成为现代哲学家的张岱年。到了1929年入学的钱钟书这一年，外国语言文学系除了钱钟书之外还有著名剧作家曹禺、外国文学专家饶余威和常风等，哲学系有后来成为著名外交家的乔冠华，文学系有后来成为古文学者的林庚、著名作家吴组缃。1930年有后来成为著名马克思主义理论家的胡乔木、著名诗人何其芳、历史学家吴晗、国学大师季羡林等。清华园真是人才辈出。钱钟书入学前后的这段时期，也正是清华大学国文人才的鼎盛时期。

当时的清华大学的学生里有“三才子”一说，除了文学院的钱钟书，还有后来成为考古专家的夏鼐和历史学家吴晗，而钱钟书被公认为是“三才子”之首。另外，在清华大学外文系还有“三杰”一说，三杰即“龙虎狗”，“龙”指的是钱钟书，“虎”指的是后来成为著名剧作家的曹禺，“狗”指的是后来成为南开大学外文系教授的颜毓蘅。据说，后来的南开大学曾经流传“狗尚如此，何况龙虎”的玩笑话，从中可以看出当时钱钟书的名气之大。

钱钟书回忆清华大学期间的老师曾经说：“我大学时代有五位最敬爱的老师，都像蒲伯所说‘以哲人导师而更做朋友的’。这五位最敬爱的老师以及其他三四位好朋友，全对我有说不尽的恩德。”

钱钟书这句话里提到了自己在清华大学时期的五位老师和三四位好朋友，尽管没有提及具体的姓名，但从钱钟书的一些文章中可以推测出来。

在当时的清华老师中，对钱钟书影响最大的应该是吴宓教授。钱钟书在 1937 年的一篇文章里这样写：

“我这一代的中国青年学生从他（指吴宓）那里受益良多。他最先强调了‘文学的延续’，倡导欲包括我‘旧’文学于其境界之内的比较文学研究。十五年前，中国的实际批评家中只有他一人具备对欧洲文学史的‘对照’学识。”

吴宓（1894—1978），字雨僧、玉衡，笔名余生，陕西省泾阳县人，中国现代著名西方文学家、国学大师、诗人。吴宓教授是清华大学国学院创办人之一。他学贯中西，融通中华古今文化，被称为中国比较文学之父，著有《吴宓诗集》《文学与人生》以及《吴宓日记》等。钱钟书在清华求学期间和吴宓的关系非常密切。作为老师，吴宓非常看重钱钟书。据说，吴宓曾经对友人说过这样的话：“国内文史方面的通才，唯数陈寅恪、钱钟书，他俩全是人中之龙；似你我，都不过尔尔。”

吴宓讲授的是比较文学。钱钟书在大四的时候选修了吴宓教授的

《中西诗的比较研究》科目。吴宓讲课时使用中文，课每次讲完课后都会问钱钟书："Mr. Qian 的意见怎么样？"以此来征求钱钟书对自己讲课内容的看法，话语间充满对钱钟书的信任。

钱钟书自然也非常尊重这位老师。毕业之后，钱钟书和吴宓时常有书信诗文来往。1934 年，钱钟书给吴宓写信，吴宓收到信后回赠诗一首《赋赠钱君钟书即题〈中书君诗〉初刊》作答，其中有这样几句：

"才情学识谁兼具，
新旧中西子竟通。
大器能成由早慧，
人谋有补赖天工。
源深顾赵传家业，
气胜苏黄振国风。"

从吴宓的诗的内容里可以看出对钱钟书的赞誉，对钱钟书寄予了厚望。

另外，被奉为"民国英语第一人"后来成为国民政府著名外交家，当时是清华大学的教授叶公超对钱钟书也非常赏识。叶公超是在 1928 年来到的清华，当时居住在清华东北角，钱钟书时常和同学常风到叶公超家里去拜访请教。据说，叶公超曾经对钱钟书说过一句这样的话："你到清华可惜了，应该到牛津的。"或许是叶公超的这句话给钱钟书指明了前进的方向，后来钱钟书果然到了牛津大学深造。

钱钟书的清华老师中还有一位张申府教授。张申府是中国共产党创始人之一，中国 20 世纪著名的哲学家、中国罗素研究第一人。张申府在清华大学时，时常买新出版的外文书籍，看完之后都会写文章加以介绍。值得一提的是，张申府写好文章之后，总是请钱钟书替他送到《清华周刊》。1934年，张申府主编《大公报·世界思潮》副刊时，曾经在一篇文章里这样说："钱默存先生乃是清华最特殊的天才，简直可以说，在全中国人中，天分学力也没有一个人能赶上他的。因为墨存的才力学力实在是绝对地罕有。"

张申府还断言说："钱钟书和我的兄弟张岱年并为国宝。"几十年之后，钱钟书和张岱年果然都成为了享誉中国乃至世界的著名学者。

当时，清华大学哲学系为了锻炼学生的口才和逻辑思维，就给高年级学生开讨论会，邀请老师和学生参加并对一些问题展开辩论。清华大学文学院院长冯友兰很器重钱钟书，每次召开讨论会都会派自己的秘书去请钱钟书参加，而钱钟书每次到场都会以渊博的文史知识和过人的机敏在辩论中获得头彩和胜利。钱钟书的同学常风这样回忆当时的情况："他告我开会时的情况，什么人发言，他跟什么人辩论了。就我所知，享受这种殊荣的人，只有钱钟书一人。"

钱钟书在清华时期，同学们对他也非常推崇。同学常风对第一次见到钱钟书的情景记忆尤为深刻。当时正在上冯友兰的逻辑课。同学们都在一栋旧大楼里，都坐在教室里面的扶手椅子上听课。身穿蓝布大褂的常风进来之后，就在一排空位子上坐了下来。过了一会儿，教室内又走进来一位和常风穿着差不多的学生，左右看看之后在常风右手旁边的空座位上坐了下来。开始，常风并没有在意身边的这名同学，但接下来的情景让他大为吃惊。

当时民国初立，国家也没有交流的统一语言（比如现在国家统一的普通话），而冯友兰教授讲课方言非常严重，常风拿着笔记本根本无法记录。正在常风一筹莫展的时候，旁边的同学忽然从常风手里拿过笔记本，随后开始记录冯友兰的讲课内容。当时，常风心里有点不高兴，心想：即便是同学关系也需要征得别人同意吧？怎么可以随便拿别人的东西呢？不过，出于礼貌，常风也没有说什么。下课后，那位同学随手就把笔记本还给了常风，随后两位同桌各走各的。等常风过了一会儿拿过笔记本一看，这才大吃一惊：那位同学不仅将冯友兰教授的讲课内容一字不落地记录了下来，而且还将冯友兰讲课使用的引语以及英文书上的原文都写了出来，这让常风大为惊讶。至此，常风对方才的那位同桌留下了深刻的印象。

非常巧合，当天下午，有人来找和常风同一宿舍的许振德同学。让常风感到意外的是，来人正是在冯友兰教授课上替自己做笔记的同桌。在许振德的介绍下，常风才知道此人就是钱钟书，二人就此认识。当时，钱钟书每次来到常风宿舍就会到常风书桌上翻看，当看到了钱穆的著作《国学概论》一书（这本书前边正是钱钟书父亲钱基博老先生写的序言），钱钟书随口说："序言是我写的，只不过用的是我父亲的名字。"接下来，钱钟书看到了爱尔兰作家乔治·穆尔的《一个青年的自白》，随后有些惊讶地问常风："你也喜欢看这本书吗？"常风说："之前看过郁达夫对这本书的介绍，来到清华后看到图书馆有这本书就借来看看。"就这样，常风和钱钟书成了好朋友。从钱钟书的口中，常风知道他当时对约翰生很崇拜。

常风和钱钟书相识之后，钱钟书就时常来常风宿舍串门聊天，二人还时常一起到清华大学的食堂去吃饭。

出于习惯，常风时常会在书桌上放一些书和笔墨，方便自己随时阅读或者书写。和钱钟书熟识之后，钱钟书来到常风书桌前就胡乱翻看书，有时候还随手写几个硬笔字。有一次，钱钟书见常风的书桌上有鲁迅的《小说旧闻钞》，就提起毛笔沾墨在书的封面上用篆字写了书名，随后还在扉页上用正楷写了一遍书名。常风第一次发现钱钟书的书法非常有功力。

一次放假之后，钱钟书给常风带来家乡的土特产，有苏州的糖果、无锡著名的古老肉（排骨肉）。最让常风感动的是钱钟书带来父亲钱基博赠送给常风的一本《韩愈志》。常风很激动地给钱基博老伯写了一封感谢信。后来，钱基博陆续给常风又寄过几本书，这让常风受宠若惊。

根据常风的回忆，钱钟书非常喜欢和同学开玩笑。他时常给常风写一些小纸条，或者让工友送来，要不就塞进门缝里，纸条的内容大都是开玩笑之类的言辞。常风还常常听到钱钟书和自己的一位老乡同学绊嘴，但吵完之后二人很快又会嘻嘻哈哈结伴而行。

钱钟书和常风除了在学校散步之外，不曾到校外游玩过。1933年春假的一个下午，许振德来找他们一块去逛颐和园。他们三个人步行到了颐和园，看见有几头毛驴。许振德就提出一起骑着毛驴去逛碧云寺。钱钟书和常风都没骑过毛驴，在许振德的鼓励下就战战兢兢地骑了上去，然后在驴夫的牵引下来到了碧云寺。他们一行三人先拜谒了孙中山先生的衣冠冢，然后在寺里转了一圈就出来了。这时候，许振德就提出去香山，于是三人就顺便游逛了香山。

三人在香山一带转悠了几圈，感觉有些饿了，不由自主就来到了香山大饭店。许振德就提出要“浪漫”一下，于是三人就去香山饭店住了一夜。当时，香山饭店住一个大房间需要2块钱，三人勉强还能“撑得起”，但是无法付得起饭钱。最后，三人商量了一下，就每人吃了一碗两毛钱的面条凑合了事。

三人对在北京的这次旅游记忆深刻。为了纪念这次旅行，许振德专门为三人起了一个响亮的名字叫“三剑客”。

钱钟书在清华大学学习时，国文和英语成绩非同寻常，所以在钱钟书大四的时候出现了一种传闻：英国伦敦大学东方学院要聘请钱钟书做中文教师。当时，不仅在清华大学，在钱钟书的家乡无锡的小报上也出现了这种消息。钱钟书就曾经把这种小报给常风看，不过二人都没说什么。几年的大学生活让常风非常了解钱钟书。当时，还是学生的钱钟书已经在英文杂志上发表过几篇文章，还给当时的英国著名教授Clark翻译的苏东坡诗写过一篇导言，已经出版。常风感觉，钱钟书如此优秀的成绩去英国教中文，这有点太屈才。常风估计，钱钟书毕业后报考英国庚款留学绝对没问题，因为之前两届报考庚款的那些同学的成绩比钱钟书来说都很一般。

博览群书写书评

在上清华大学之前，钱钟书只是替父亲钱基博写过《国学概论·序言》，可以说是初出茅庐，也显示出了在国文方面的造诣。进入清华大学之后，钱钟书就开始拿笔写作了。开始，《清华周刊》上不断出现钱钟书的文章。到大二时，钱钟书还担任了这份清华学生自治会刊物的英文编辑。后来，《大公报》和《新月月刊》也出现了钱钟书的文章，钱钟书的社会影响也随之扩大了。

其实，当时《大公报》的“世界思潮”专栏主编正是很欣赏钱钟书才干的清华老师张申府。钱钟书在《大公报》发表的文章基本都是评论，他著名的文章《作者五人》评论的是摩尔、布拉德莱、罗素、詹姆斯、桑塔耶五位世界级思想家，文章写得很有水平，其中有部分这样写：

“……但是我要讲的五个人，五个近代最智慧的人，却全没有用对话写过书，只有山潭野衲的《地狱对话》是个小小的例外。他们都写着顶有特殊风格的散文，虽然他们的姓名不常在英美散文选那一类书里见过。

第一个是穆尔，他是一般人不以为能文的，不比卜赖德雷，不比罗素，更不比雅俗共赏的詹美士和山潭野衲。但是他的是最特别的，个性顶强烈的文体。英国散文里也许有它的先例吧，至少我没有能找出来。有些像薛知微，不过薛知微的不是好文章，滞重，散漫，拖沓，泥土气，犯了许多修辞学定下的规律。穆尔既干净，又斩截，透明似的清楚——只是不美。穆尔的光明洁净是无可否认的，只是不美观，像秃发的人的头顶……”

钱钟书对五位思想家的思想和文章分别进行了评论，显示出他思想的独特和哲学非同一般的见解，更能体现钱钟书在博览群书以及在外文方面的杰出能力。对于一位还没有毕业的大学生来说，非常难能可贵。张申府对钱钟书这位学生更是倍加推崇。

钱钟书在《新月月刊》也发表过不少文章，而当时负责主编《新月月刊》的是他清华大学的老师叶公超。叶公超在1932—1933年负责《新月月刊》后六期的主编工作，为此吸引了很多清华和北大学子，其中以钱钟书最为著名。著名文史学家、作家赵景深曾经这样评价钱钟书的书评："从前《新月月刊》的书报评论出现了中书君的书评，可说是一鸣惊人，文艺工作者曾付以甚大的注意。"在《新月月刊》发表文章时，钱钟书都采用"中书君"的笔名，来自于韩愈的《毛颖传》："累拜中书令，与上益狎，上尝呼为中书君。……上嘻笑曰：'中书君老而秃，不任吾用。吾尝谓君中书，君今不中书耶。'""中书"与"钟书"谐音，一语双关。

这段时间，钱钟书写的文章基本都属于评论，而多半又都是书评。在大四的那年，钱钟书在《新月月刊》发表的一批比较重要的书评，其中比较重要的有三篇，即评论周作人的《中国新文学的源流》、曹葆华的《落日颂》和沈启无《近代散文钞》。钱钟书都从不同的角度对上述三人的作品进行了评论，在当时读者的心中留下了深刻的印象。其中，《中国新文学的源流》和《近代散文钞》的学术论点比较接近。钱钟书在评价《中国新文学的源流》中提出了鲜明的论点，在评价《近代散文钞》中展开淋漓尽致的发挥论述。

周作人在《中国新文学的源流》这样认为：明末文化运动的公安派、竟陵派与民国的新文化运动在观点上不谋而合，“文以载道”和“诗以言志”是相铺相成的。钱钟书在评价周作人《中国新文学的源流》，论述了周作人观点的很多错误。下面摘抄其中的一部分，我们可以从中领略青年才子钱钟书的才气：

“在初，我已经声明不谈标举的问题，但是看了附于书后的《近代散文抄》目录之后，又忍不住要说一句话。周先生提出了许多文学上的流星，但有一座小星似乎没有能‘Swim into his ken’；这个人便是张大复。记得钱牧斋《初学集》里有为他作的状或碑铭。他的《梅花·草堂集》（我所见者为文明书局笔记小说大观本）我认为可与张宗子的《梦忆》平分‘集公安、竟陵二派大成’之荣誉，虽然他们的风味完全不相同。此人外间称道的很少，所以胆敢为他标榜一下，并且，我知道，叶公超先生对于这本书也非常的喜爱。周先生引鲁迅‘从革命文学到遵命文学’一句话，而谓一切‘载道’的文学都是遵命的，此说大可斟酌。研究文学史的人，都能知道在一个‘抒写性灵’的文学运动里面，往往抒写的‘性灵’固定成为单一的模型 (Pattern)；并且，进一步说所以要‘革’人家的‘命’，就因为人家不肯‘遵’自己的‘命’。‘革命尚未成功’，乃须继续革命；等到革命成功了，便要人家遵命。这不仅文学上为然，一切社会上政治上的革命，亦何独不然。所以，我常说：

革命在事实上的成功便是革命在理论上的失败。”

从上面的文字中可以看出，钱钟书对文学中“革命文学”和“遵命文学”两种倾向提出了自己的观点。他认为，“革命文学”的观点在于变化，而“遵命文学”的观点在稳定，两种文学倾向在时间上有循环性和矛盾性。

曹葆华是当时诗界新秀，其诗集《落日颂》在1932年由当时的新月书店出版。钱钟书在不长的时间内就写文章评《落日颂》，他感觉，对“新秀”类的作者给予评论非常正确，原因是：

“他还未经论定，我们可以借他来测验我们美感的锐钝，文心的灵滞；他还没有成名，我们可以对他说老实话，免得附庸风雅，随声说好，做文学批评上的势利小人。

从事当代文学评论、关注文学新人之妙处在此；当然，其风险也在于此。‘随声说好’的评论那就好写得多，也安全得多，甚至无聊得多了。”

钱钟书在评价曹葆华的《落日颂》的书评中，对神秘主义的评论非常独特。后来，钱钟书撰写学术名著《谈艺录》和《管锥编》对文化神秘主义更有精辟的论述。因此，钱钟书在对《落日颂》的书评中对神秘主义的评论在一定程度上是《管锥编》《谈艺录》的先声。另外，钱钟书是比喻大师，对修辞比喻有研究，所以他在书评中对曹葆华《落日颂》中的部分比喻修辞进行了批评。

钱钟书博览群书，随后还对这些书提出自己的独到见解，从另一个角度反映了钱钟书读书的认真态度，能够做到批判地吸取书中的知识，这是一般读书人难以做到的。

夫妻缘

在清华大学，钱钟书不仅将自己出类拔萃的国文和英语成绩展示在世人面前，而且还收获了人生中矢志不渝的爱情，并且女方——杨绛还是自己的老乡。

杨绛，原名杨季康，出生于无锡的一家书香门第。1928 年，十七岁的杨绛听说清华大学招收女生，就一心准备报考仰慕已久的清华大学外文系。令她失望的是，那一年清华招收的女生名额没有给南方，所以杨绛无法报考。无奈之下，杨绛只得报考了苏州东吴大学。进入大学之后，美丽聪慧的青春少女杨绛惹得同班男生非常迷恋，据说有很多男生“追”她，其中还包括后来成为著名社会活动家曾经担任第七、八届全国人民代表大会常务委员会副委员长、中国人民政治协商会议第六届全国委员会副主席的费孝通，但杨绛固守纯洁的少女情怀，不为所动。

1932 年初，日军已经对我中华虎视眈眈。继东北“九一八”事变之后，“一二八”淞沪战役再次展开。中日的战火烧到了长三角地区，国家教育事业随之受到冲击，东吴大学也因为学潮被迫停课。杨绛快要毕业，她不想坐等开学，就想办法准备去北京的一些大学借读，作为同学的费孝通答应帮助她办理借读手续。父母看到杨绛有同学相伴相助，就同意了女儿的想法。2 月下旬，杨绛和几名同学一路北上来到北京，在费孝通的帮助下顺利地进行了入学考试。接下来，杨绛便想到仰慕已久的清华大学看望老朋友蒋恩钿，而同行的同学孙令衔也要去清华看望表哥钱钟书。二人便一起来到清华园。令她们没想到的是，钱钟书和蒋恩钿竟然是同班同学。

蒋恩钿，苏州人，曾经和杨绛一起在振华女中（江苏师院附中，苏州市十中的前身）读高中，1929 年考入清华大学西洋文学系。后来，蒋恩钿成为了著名的月季花研究专家，还被国家领导人称为“月季夫人”。青年时期的蒋恩钿性情比较活泼，见了同学们总是乐哈哈的。民国初期，封建余威尚在。一般情况下，学校里女同学很少跟男同学有言语交流，可这位蒋恩钿很是例外，她见谁都说话，不管男生女生。

杨绛找到蒋恩钿之后，首先就向她说明自己外语成绩不好，需要人帮助补习。蒋恩钿首先就想到的国文和英语成绩都出类拔萃的钱钟书，就准备让钱钟书来帮助杨绛。

钱钟书和杨绛，一位后来成为享誉天下的国学大师、文化昆仑，一位后来成为蜚声中外的翻译大家、作家，此时二人的人生路开始慢慢靠拢了。令他们想不到的是，二人八岁时期在无锡小巷曾经有擦肩而过的经历：杨绛小时候跟随父母去过钱钟书家，只不过和钱钟书没有什么接触。杨绛在《记钱钟书与〈围城〉》里这样描述她首次去钱钟书家的情景：

“1919 年秋天，我家由北京回无锡。我父母不想住老家，要另找房子。亲友介绍了一处，我父母去看房子，带了我同去。钟书家当时正租居那所房子。那时我第一次上他们钱家的门，只是那时两家并不相识。我记得母亲说，住在那房子里的一位女眷告诉她，搬进以后，没离开过药罐儿。那所房子我家没看中；钱家虽然嫌房子阴暗，也没有搬出。他们五年后才搬入七尺场他们家自建的新屋。我记不起那次看见了什么样的房子、或遇见了什么人，只记得门口下车的地方很空旷，有两棵大树；很高的白粉墙，粉墙高处有一个个砌着镂空花的方窗洞。钟书说我记忆不错，还补充说，门前有个大照墙，照墙后有一条河从门前流过。他说，和我母亲说话的大约是婶母，因为叔父、婶母住最外一进房子里，伯父、伯母和他住中间一进，他父母亲伺奉祖父住最后一间。”

之前，孙令衔的一位远房姑姑是叶恭绰的夫人，也是钱钟书老师叶公超的婶子，而叶恭绰有一个养女，即叶公超的堂妹。当时，叶恭绰的夫人看中了钱钟书的才华，想招钱钟书为女婿，而钱基博也表示同意这门亲事。可是，钱钟书本人对叶家小姐并不熟悉，所以对这门婚事并不认可，而叶家小姐当时也有男朋友（是一名律师，不久后二人私奔），因此也不同意和钱家结亲。孙令衔不了解其中缘由，所以听说表哥要帮助自己的同伴杨绛补习外语后“大为警惕”。孙令衔首先给双方介绍了各自的情况，还特意说明各自都已经有了“异性朋友”。

当时，杨绛和钱钟书都没在意。钱钟书就是帮忙，而杨绛就是一门心思学习。然而，令他们意想不到的是，“一见倾心”就在二人见面时发生了。

在 3 月里一个情意浓浓的日子里，杨绛在清华园古月堂门口第一次见到了钱钟书。她在《记钱钱钟书与〈围城〉》中这样回忆钱钟书首次给自己留下的外貌印象："他穿一件青布大褂，一双毛布底鞋，戴一副老式大眼镜，一点也不翩翩 。"钱钟书目光炯炯有神，谈吐幽默，一副儒雅绅士气质。二人一见如故，似有一种相见恨晚的感觉。钱钟书第一句就说："别人说我订婚了，都是谣传，你别相信。"聪明的杨绛心领神会，马上回答说："外界也传说有很多男生追求我，有人还说有孔门弟子'七十二人'，这都不是真的。"共同的爱好和追求很快让这对年轻人走到了一起。

钱钟书用了一首诗来描述自己初见杨绛的印象：

"缬眼容光忆见初，

蔷薇新瓣浸醍醐；

不知醴洗儿时面，

曾取红花和雪无？"

钱钟书用诗意的笔调描绘出初见杨绛的印象。当眼前出现杨绛面容的一刹那，钱钟书忽觉眼前一亮，如醍醐灌顶，暗自揣测，感觉杨绛小时候很可能是在用红花和雪来洗面，以至于面容如此娇柔白嫩。如此的美貌，难怪杨绛在东吴大学惹得男生意乱情迷了。从钱钟书的这首诗可以看出，见过杨绛之后，杨绛的音容笑貌已经深深地占据了钱钟书的心间。

因为战乱流离，杨绛从苏州东吴大学来到北京之后少上一学期的课程，尽管有钱钟书的帮助，可外语一时难以跟上来。当时曾经发生一件这样的事，杨绛在清华大学选修著名外语学者、后来当国大代表和国民政府驻希腊大使的温源宁教授的"19 世纪英国浪漫诗"课程，就交了白卷。温源宁已经了解钱钟书和杨绛的关系，就私下奉劝钱钟书说："这位姑娘看似很漂亮，其实学习并不怎么样。她的成绩非常糟糕。”即便如此，钱钟书依然心随杨绛，足见他对杨绛已经情深意浓。

二人关系已经确定，杨绛就给费孝通写信说：“我有男朋友了。”言外之意是让费孝通断了念想。不甘认输的费孝通召集了苏州一起来京的同学找到杨绛评理，说自己才最有资格做杨绛的男朋友，原因是二人已经是多年的朋友了。杨绛并不认可，只是说和费孝通是普通朋友，如果费孝通有其他想法，杨绛就表示要和费孝通断交。费孝通最终无奈接受了现实。后来，费孝通和杨绛、钱钟书夫妇保持了友好关系。

钱钟书和杨绛很快坠入爱河。二人有了时间就约会，没有时间就互相通信。钱钟书很有文采，写的情书自然是扣人心弦。杨绛青春少女的芳心已经彻底融化，二人的情感开始迅速升级。无独有偶，二人鸿雁传书中，杨绛的一封信不知怎么的竟然落到了钱钟书父亲钱基博老先生手里。对儿子寄予厚望的老先生难忍好奇，就悄悄地打开了儿子的信件。其中，杨绛信中有这样一句：“现在吾两人快乐无用，须两家父母兄弟皆大欢喜，吾两人之快乐乃彻始彻终不受障碍”，钱基博看到之后大为称赞：“这真是一个聪慧的人。”老先生感觉，杨绛缜密的思维、谨慎的处事正是尚未走向社会的儿子所需要的贤内助。接下来，钱基博以长辈人的身份给杨绛写了封信，首先对杨绛大为赞赏，随后郑重其事将儿子托付给了杨绛。

其实，钱钟书和杨绛的婚事也属于门当户对。二人的父亲钱基博和杨荫杭都是无锡当地的绅士，并且之前还有过交往。就这样，双方的婚事就定了下来。钱钟书大学毕业后的1935年7月13日，钱钟书与杨绛在苏州庙堂巷杨府举行了结婚仪式。许多年之后，杨绛在文章里用幽默的笔调这样描述当时的情景：

“(《围城》里)结婚穿黑色礼服、白硬领圈给汗水浸得又黄又软的那位新郎，不是别人，正是钟书自己。因为我们结婚的黄道吉日是一年里最热的日子。我们的结婚照上，新人、伴娘、提花篮的女孩子、提纱的男孩子，一个个都像刚被警察拿获的扒手。”

两人成婚之后，相濡以沫六十三年，共同经营了人世间的纯洁婚姻，向人世间展示了婚姻的美好和真情。后来，钱钟书在一篇文章里这样描述二人的婚姻：“我见到她之前，从未想到要结婚；我娶了她几十年，从未后悔娶她；也未想过要娶别的女人。”

第三章 到欧洲去留学

出国留学的准备

中国人去海外留学的活动是从1872年清政府派遣留美幼童开始的，那批留学孩童回国之后为国家建设带来了非同寻常的变化，比如詹天佑修筑京张铁路，就让国人信心倍增。很多中国人从中看到了外国教育和中国传统教育的不同，看到了中国教育的方向。此后，包括民国政府在内，中国各类组织和机构先后掀起几次留学热潮，鼓励青年学子到外国学习，学习外国的先进技术和文化，这才是振兴中华民族的道路。钱钟书的至交著名翻译家许渊冲在《一弦一柱思华年·记钱钟书先生》里说过这样一句话：

“我们这一代人青年时代的梦想，多是考入名牌大学；大学毕业后的梦想，多是出国留学；而留学回国后的梦想，多是成名成家。”

著名国学大师季羡林在《季羡林留德回忆录》也这样说：“如果一个人能出国一趟，当时称之为镀金，一回国便身价百倍。”

和钱家关系非同一般的钱穆教授没有接受过现代大学教育，他为此悔不当初。在得知钱钟书正在做去英国留学的准备后，叮嘱他说一定要考上，“出洋镀金后大家自会另眼看待”。（《夏鼐日记》1978年10月4日）。

1933年夏天，钱钟书清华大学即将毕业，正值二十来岁。当时的国家局势非常不乐观。继“九一八”事变之后，华北局势恶化，日军开始进犯热河。清华大学校方考虑到学生的安全问题，决定提前放假，所以钱钟书这一届面临毕业的学生没有经过毕业考试，也没有写什么毕业论文，就直接毕业了。这一点，钱钟书在《围城》中借主人公方鸿渐之口道出了缘由：“那么，她毕业的那一年，准有时局变动，学校提早结束，不用交论文，就送她毕业。”

钱钟书在清华大学没有毕业考试，这也给钱钟书出国留学无形中制造了障碍，原因就是他没有毕业成绩可查。按照钱钟书的成绩，在毕业考试中肯定能够获得保送庚款公费留学的资格。钱钟书国文和英语成绩非常优秀，在清华四学年，其中两个学年的成绩都是甲上，还有一学年是破纪录的优秀，只可惜最后一年没有毕业成绩。相比之下，钱钟书的堂弟钱钟韩就幸运了。根据钱基厚《孙庵年谱》《钱钟书评论》上的介绍，钱钟韩在上海交通大学参加了毕业考试，并且“成绩为全校之冠”，“以成绩特优，未经服务，保送应江苏省第一届公费留学生考试，成绩亦冠全军，录取第一”，“由江苏省公费送英留学”。（钱基厚《孙庵年谱》《钱钟书评论》）

钱钟书在国文和英语方面的突出表现，清华大学的师生们都看在眼里，所以钱钟书毕业后留在清华研究院顺理成章。清华大学校长梅贻琦亲自告诉钱钟书，清华大学准备破格录取他留校。为此，陈福田、吴宓等教授都去做钱钟书的思想工作，想挽留他进清华大学研究院继续研究英国文学，为清华大学下一步新成立的西洋文学研究所增光添彩。令清华师生想不到的是，此时的钱钟书不仅拒绝了，还盛气凌人说了一句狂言：“望眼清华，还没有一个教授有资格来当我的导师！”

其实，在清华读书期间，钱钟书多次在同学间流露出要出国留学的想法。这一点，钱钟书的清华同学石璞先生（著名外国文学学者、四川大学教授）就曾经说过，清华时期的钱钟书充满了理想和追求，除了上课都把时间都花在了图书馆。在一次闲暇时交流学习心得的时候，钱钟书就曾经流露出了毕业以后到英国求学的想法。所以，清华大学当时想让钱钟书留校，只是一方情愿。

1933 年夏天，钱钟书来到了上海光华大学教书。当时，钱钟书的父亲钱基博在上海光华大学担任中文系主任，身体也不是很好，这也是钱钟书没有留在清华大学的原因之一。

钱钟书放弃在清华读研究生来光华大学教书的一个直接原因，还是为出国留学做准备。这一点，钱钟书的清华大学老师吴宓教授的女儿吴学昭在《听杨绛谈往事》里说的非常清楚：

“钟书蓄意投考中英庚款奖学金，而中英庚款规定，应试者必须有服务社会两年的经历，所以他急着要去教书，取得应试资格。”

这一点对钱钟书来说非常重要。假如留在清华读研，很可能就会彻底丢失出国留学深造的机会。他需要为社会服务两年才可以报考，所以来到了上海光华大学。

上海光华大学是一所私立性质的大学，成立于 1925 年 6 月。此前不久，上海发生了著名的“五卅惨案”，美国教会学校圣约翰大学师生到上海街头闹学潮，圣约翰校方出面制止，遭到师生的普遍反感。于是，数百名师生当即宣布退出圣约翰大学，随后大家集资创建上海光华大学，规模很大，盛况空前。当时，光华大学规定，大学毕业生需要工作两年之后才可以到学校做助教，在助教位置上工作几年之后才可以做讲师。因为钱钟书成绩优异，光华大学为其大开绿灯，直接聘任刚刚从清华大学毕业的钱钟书做外文系讲师，教授西洋文学和文学批评。当时，光华大学人才济济，张寿镛、蒋维乔、钱基博、吕思勉、张东荪、胡适、徐志摩、潘光旦、罗隆基、王造时等一些文化界名人都曾担任光华大学要职或教授，以此表示对国家民族教育的支持。

钱基博、钱钟书父子共同在一所大学任教，成为民国教育史上的佳话。钱基博中年之后撰著很多。和儿子一起工作期间，钱基博在立身行事方面对钱钟书多有教导。其中，教育儿子钱钟书的《论儿钟书札两通》写得非常好，对钱钟书日后的人生路起到了非同寻常的作用，现摘录如下：

“昨日到家，得高昌运兄并汝航空快信，悉温源宁师招汝入城，欲介绍往伦敦大学东方语文学院，教中国语文。去不去又是一说，而温师此番有意玉汝于成，总属可感！然儿勿太自喜！儿之天分学力，我之所知；将来高名厚实，儿所自有！然何以副父师之教，不负所学，则尚待儿之自力！立身务正大。待人务忠恕。我见时贤声名愈大，设心愈坏；地位愈高，做人愈错；未尝不太息痛恨，以为造物不仁，何乃为虎生翼！甚非所望于吾儿也！做一仁人君子，比做一名士尤切要！所望立定脚跟，善体吾意！不然，以汝之记丑而博笔舌犀利，而或操之以逆险之心，出之为僻坚之行，则汝之学力愈进，社会之危险愈大！在世眼见为名流在吾家岂即亢宗！吾兄弟意气纵横，熟贯二十一史，议论古今人成败，如操左右券，下笔千言，　　不自休；而一生兢兢自持，惟恐或入歧途。以此落落寡合，意有所郁结不得摅，吾遁于文章以为娱嬉。而汝季父则终老其才于乡里。汝季父知计绝人，而关其生平，未尝敢做一损人利己之事，未敢取一非分不义之财。吾兄弟白首相见，未尝不以此为勖；汝与诸弟所亲见也！子弟中，自以汝与钟韩为秀出，然钟韩厚重少文，而好深沉之思，独汝才辩纵横，神采飞扬，而沉潜远不如！勿以才华超绝时贤为喜，而以学养不及古圣贤人为愧！吾与汝季父生当末世，无力禁止社会之一切恶化，然至少尽力制止子弟不许恶化，以增进中国之危险。纬英两儿中资，不能为大善，亦无力为大恶。独汝才辩可喜；然才辩而或恶化，则尤可危！吾之所谓恶化，亦绝非寻常子弟之过。世所推称一般之名流伟人，自吾观之，皆恶化也，皆增进危险于中国者也！汝头角渐露，须认清路头；故不得不为汝谆谆言之！

哑泉

（民国）二十年十月三十一日”

“迭阅来书及《大公报》《新月》杂志，知与时贤往还，文字大忙！又见汝与张杰书云，孔子是乡绅，陶潜亦折腰。看似名隽，其实轻薄！在儿一团高兴，在我殊以为戚！以儿天资卓荦，博闻强识；正如王僧虔之于王俭所谓‘我不患此儿无名，正恐名太盛耳’！南史称王僧虔‘文情鸿丽，学解深拔，而韬光潜实，物莫之窥’。吾尝叹为其文其学可及，其养不可及！愿儿师之法之！我自粗有名字，汝又头角崭露；我父子非修名不立之难；修名何以善其后之难！假如政治有办法，社会上轨道；以儿之真积力久，实至自然名归！不然，高名徒以为累！父母之于子女，责任有尽，意思无穷；况儿聪明早慧，我所厚望！现在外间物论，谓汝文章胜我、学问过我、我固心喜！然不如人称汝笃实过我、力行胜我，我尤心慰！清识难尚，何如至德可师！淡泊明志，宁静致远，我望汝为诸葛公、陶渊明；不喜汝为胡适之、徐志摩！如以犀利之笔，发激宕之论，而迎合社会浮动浅薄之心理，倾动一世；今之名流硕彦，皆自此出；得名最易，造孽实大！庄生所以叹圣知之祸，而非我之所望于儿也！吾儿读破万卷书，意趣识见，总须不为流俗所囿！《三国志》《南北史》《五代史》，暇可常读；即知古来才人杰士，乱世如何处法；或显世抗厉，或混迹齐凡。其中亦有恃其聪明才知，祸国殃民以自殃祸者！何去何从，切已体察，此乃真实学问！傥或予智自雄，忍俊不禁，异日必贻无穷之悔；思之重思之！我涉世三十年，无事不退一步；应得之名勿得，应取之财勿取；人或笑为拙，而在我则世味稍恬，意趣转长！老子所谓治人事天莫若啬也！总之学问贵乎自得，际遇壹任自然；从容大雅，勿急功近名，即此便征识量。黄仲苏先生信来，极念汝。我无日不为疾痛所苦；而此间亦有好学深思之士，则亦以自慰！钟英在此，文章渐入遒古，聆我讲说，亦有赏会。此亦可喜！我现课之细读《六朝文絜》。追逐阿兄，固非所望；或能绍我家学也，我所自力者如此，其余付之悠悠而已！不一。

哑泉

（民国）二十一年十一月十七日”

或许，钱基博已经感觉到儿子钱钟书的人生方向，而钱钟书正是在父亲的谆谆教诲下才在学业上逐渐形成了兢兢业业的态度。

在光华大学，钱钟书凭借优秀的口才和渊博的知识，在三尺讲台上很快站稳了脚跟，不长的时间内就赢得了师生们的普遍赞誉。他开设的英美散文课让学生大开眼界，很多学生慕名而来听他的讲课。根据当时光华大学一些校友回忆，青年讲师钱钟书是光华大学最具有影响力、最受欢迎的教师之一。在教授课程之外，钱钟书还担任《光华大学半月刊》特约撰述和英文刊物《中国评论周刊》的特约编辑工作，并为这些刊物写过一些英文作品。期间，比较著名是《与张君晓峰书》，其内容涉及白话文和文言文问题，对当时新文化运动起到了促进作用：

“晓峰我兄先生师事：

奉书极快，承询及文言白话问题，若仅从标题看来，则似乎已成Dead issue，无须讨论。往日之所以输攻墨守，争端大起者，以双方皆未消门户之见，深闭固拒，挟恐见破，各否认彼此根本上之有存在价值也。至于今日，则事过境迁，气稍释而矜稍平，此中纠纷，已由时间代为解决，无需辩生于末学。即如吴师雨僧力挽颓波，而近年来燕居侍坐，略窥谈艺之指，亦已于‘异量之美’，兼收并蓄，为广大教化主矣。窃谓苟自文艺欣赏之观点论之，则文言白话，骖驔比美，正未容轩轾。白话至高甚美之作，亦断非可家喻户晓，为道听途说之资。往往勾深索隐，难有倍于文言者。譬之谈者力非文言文之用典故，弟以为在原则上典故无可厚非；盖与一切比喻象征，性质相同，皆根据类比推理来。然旧日之典故（白话文学中亦有用典者，此指大概）尚有一定之坐标系，以比现代中西诗人所用象征之茫昧恍惚，难于捉摸，其难易不可同年而语矣。若从文化史了解之观点论之，则文言白话皆为存在之事实；纯粹历史之观点只能接受，不得批判；既往不咎，成事不说，二者亦无所去取爱憎。若就应用论之，则弟素持无用主义，非所思存，恐亦非一切有文化人之所思存也，一笑。故以繁简判优劣者，算博士之见耳；孔子曰：‘词达而已。’《养一斋诗话》所谓：‘文章各有境界，宜繁而繁，亦简而简，推简者为工，则减字法成不刊典。’以难易判优劣者，惰夫懦夫因陋苟安之见耳；彼何知文艺之事政须因难见巧乎？若云不读文言则于吾邦旧日文化不得亲切体会，弟亦以为不然。老师宿儒皓首穷经，亦往往记诵而已，于先哲之精神命脉，全然未窥，彼以版本考订为文学哲学者，亦何尝不以能读古书自诩于人耶？盖读书，本为‘灵魂之冒险’，须发心自救，树之为规律，威之以夏楚，悬之以科甲，以求一当，皆官样文章而已！《四书》著在功令，垂千余载，孔孟之教，其效何在？反而求之，思过半矣。抑弟以为白话文之流行，无形中使文言文增进弹性不少，而近日风行之白话小品文，专取晋宋以迄于有明之家常体为法，尽量使用文言，此点可征将来二者未必无由分而合之一境，吾侪倘能及身而见之谕！专复即叩。

教安

教小弟钱锺书顿首

六月十日”

钱基博开始担任中文系主任，后来又担任文学院院长。也可能就在这段时间，尚在北京的杨绛和上海光华大学的钱钟书鸿雁传书，杨绛的信件才落到了钱基博手中，才让二人的情感迅速升级，并在钱钟书去英国前夕“有情人终成眷属”。

1934 年，在上海光华大学工作的钱钟书来到北京看望在清华读书的未婚妻杨绛。他们来到动物园游玩时，看到园内一个非常幽静的角落里有几间小屋，窗前有一棵松树和一湾流水，雅致的环境吸引了这位青年学子。钱钟书向杨绛透露，他非常喜欢这几间小屋和周围的环境，能在这里安家最好了。这是钱钟书第一次向杨绛透露“家”的情怀，向杨绛吐露“家”的心声。殊不知，二人成家之后的几十年，为了能有一个幽静而温馨的“家”，夫妻二人付出了很大的艰辛。

钱钟书在光华大学一边教学，一边做“考庚款”的准备。1935 年，经过精心准备的钱钟书参加英国庚款第三次留学生考试，以第一名成绩考取英国庚子赔款公费出国留学，赴英国牛津大学埃克塞特学院英文系留学。根据钱基厚《孙庵年谱》上记载：钱钟书“得分独多，全榜第一，以西洋文学系派赴英国牛津大学留学”，是24名录取学生中唯一的英国文学专业留学生。

从当时及此后公费留学的情况来分析，国民政府对文科留学的名额越来越加以限制。一些人感觉，中国的文化用不着向西洋学习，而中国之所以和列强有差距，主要就是在数理工科方面，因此在加派出国留学生方面不断增强理工科学生的比例份额。比如1938年国民政府制订的《限制留学暂行办法》就有这样的规定：“凡往国外留学者一律暂以军、工、医各科与军事国防有关者为限，资格规定为公私立大学毕业后从事4年以上研究成绩突出者。”（《中国留学史萃》第292页）

所有这一切说明，如果时间向后推迟一两年，钱钟书就可能失去公费出国留学的机会。

钱钟书准备到英国的牛津大学深造，可当时杨绛的大学还没有毕业。杨绛考虑，钱钟书从小生活条件比较优越，最大的爱好就是痴迷读书，对生活方面的事情从来不关心。钱钟书生活肯定难以自理，出门在外需要人照顾，所以，杨绛选择跟随钱钟书到英国去。这样，不仅可以在生活上照顾钱钟书，也可以完成杨绛自己出国深造的愿望。可是，当时国民政府主管庚款留学生事务的叶恭绰规定，学生不可以带家眷。这就意味着，杨绛要想跟随钱钟书去英国留学，必须自费。

杨绛和家人商议之后，最终选择了自费到英国留学。办完手续之后，杨绛接下来最大的事情就是和钱钟书举行婚礼。1935年7月13日（农历乙亥年六月十三日），钱钟书和杨绛在苏州庙堂巷杨府隆重举行了婚礼。根据杨绛后来的回忆，当时杨家采取的是新式婚礼，而钱家依然采取传统式婚礼。几番“折腾”之后，一对新人累病了：钱钟书发烧了，杨绛身体也不舒服。

钱钟书痊愈之后就到南京去接受出国前的培训，家人就开始为他们夫妻收拾出国留学需要的行李。启程的时间很快来到了。吴学昭在《听杨绛谈往事》里这样记录杨绛的回忆：

“我出国由无锡乘火车到上海。经过苏州，火车停在月台旁，我忽然泪下不止，感觉到父母在想我，而我不能跳下火车，跑回家去再见他们一面。这也许就是父亲说的第六感觉吧，他们准在想我呢，而我从此没能再见到母亲……”

从杨绛的回忆中可以看出钱钟书夫妇当时将要离开祖国、亲人时的心情。尽管钱钟书夫妇之前也曾“远离家乡”到北京求学，但毕竟没有“走出国门”，而今要远渡重洋到英国了。当时，世界上飞机航班还没有普及，远途出国基本都需要依靠轮船，因此，钱钟书夫妇此次到英国，肯定要到学业完成的几年后才可以回来。世界局势变化多端，国内烽烟不断，如此长时间的分离不能不让人情感波动。

钱钟书夫妇出国乘坐邮轮首先到新加坡，然后抵达斯里兰卡（当时叫锡兰）。夫妻二人在这个岛国参观了蛇庙，接下来再登船一路航行，经红海、直布罗陀海峡、大西洋，来到了英国。

在牛津大学（上）

钱钟书去英国留学出发前，钱基博老先生特地为儿子算了一卦："父猪母鼠，妻小一岁，命中注定无子。终生六旬又八岁，一去料不返，夕阳西下数已终。"意思是说，钱钟书一生不会有儿子，并且会留到外国生活，只能活到六十八岁。尽管也曾深受传统教育，但钱钟书已经在新式学校接受了新文化教育，所以没把父亲的"命书"放在心上。

1935 年，钱钟书夫妇离开生活了二十多年的祖国来到英国。当时，钱钟书的本家侄子、第二批庚款留学生、后来成为新中国物理学家的钱临照来到码头迎接，还亲切地称呼杨绛"婶子"，杨绛感觉非常害羞。夫妇二人上岸后并没有直接去牛津大学，而是选在在伦敦观光，领略了曾经在书籍中不止一次看到的伦敦名胜古迹。

当时，著名地质学家李四光教授在英国讲学，还兼管在英国的中国留学生，其夫人是杨绛姐姐的同学好友。期间，钱钟书夫妇还应邀到李四光的寓所吃饭。李四光夫人得知他们二人住在一起感觉很惊讶，杨绛马上解释说已经在国内举行过婚礼了。

牛津大学是世界上最古老的大学之一，详细始创时间已不可考，但在12世纪初就已经形成规模。自成立以来，牛津大学为全世界培养出许多杰出人才，为人类文明的发展起到了重要作用。来到牛津之后，钱钟书被安排在牛津大学埃克塞特（Exeter）学院，学业目标是攻读文学学士（B. Litt. ）学位。钱钟书属于庚款留学生，是经过中国国民政府选派的，所以到牛津大学后不需要再经过入学考试。杨绛在《我们仨》里曾经透露，当时钱钟书对这样的安排不是很满意。钱钟书的好友、美国纽约大学历史学博士汤晏在《一代才子钱钟书》里这样描述当时的情况：

“当时规定中英庚款留学生必须读B.Litt. 学位。”

“这是很清贵的学位，都是大学毕业后去念的。所以有人译作硕士或博士，其实相当于M.Phil.（Master of Philosophy）。”

著名翻译家，当年也曾在牛津大学留学的杨宪益开始读的也是学士学位。他在《漏船载酒忆当年》（北京十月文艺出版社2001年版）中这样描述当时的情景：

“那年头，一个亚洲或非洲学生想要进牛津，很难。他们的机会仅仅是竞争在某个学院里的一两个名额而已。”

“那时在牛津大学各个学院就读的中国学生加起来为数也不满一打。他们中的大多数都在中国上完了大学，到牛津来攻读高级文学士学位（B.Litt.），或拿到一张证书，这只需一至两年就能完成。”

牛津大学有规定，入学的硕士候选学生需要是牛津大学认可的大学获得本科毕业的学生，但当时的清华大学尚不在其中。为此，埃克赛特院长被迫向牛津校方提出申请，首先给予钱钟书正式学生的身份，等有了成绩之后再转正。正是因为这个原因，钱钟书到1935年11月1

日才被牛津大学录取，11 月 5 日才正式注册入学，穿上了牛津大学的校服。

钱钟书很少写回忆录，所以他在牛津大学的生活很多都出自杨绛的回忆。在牛津大学博德利图书馆的档案室里，至今还保留着当年钱钟书手写的入学登记表：

“姓名：钱钟书

出生时间：1910 年 10 月 20 日

出生地：中国无锡

父亲姓名：钱基博

父亲职业：中国光华大学文学教授

家庭住址：中国上海光华大学院长办公室

毕业院校：中国国立清华大学

入学（牛津）时间：1935 年 11 月 5 日”

除此之外，入学登记表上填写了钱钟书的学业攻读目标等内容。值得注意的是，学院保存的一张卡片上写有负责学生工作的副院长对学生的一些评语。副院长对钱钟书的评价是“非常迷人”。

钱钟书的学业开始之后，接下来是杨绛的学业。杨绛的原意是进入不住宿的女子学院攻读文学，但此时这项学业的名额已经满员，要想入学需要改成历史专业。杨绛经过考虑后没有入学，而选择在牛津大学旁听一些文学课程，准备自修西方文学学业。

夫妇二人学业已定，就在牛津大学旁边租了一个房间，面积不小，能够做卧室和起居之用。房主负责打扫卫生，负责给钱钟书夫妇提供一日三餐和下午茶。

需要说明的是，钱钟书在中国考取的是庚款留学生，可到了牛津大学还属于自费生，都需要穿一件黑布背心，脊背上还有两条随风飘摆的黑布条子。男生都备有硬质的方顶帽子，但从没见过男生戴过。当时，钱钟书需要穿着黑布背心去学院上课，傍晚必须要到学校食堂吃晚饭，原因是牛津大学有规定，学生一周之内必须在学校食堂吃够四五次饭，这样可以证明学生住在学校学习。饭菜比较贵，钱钟书也有家眷需要照顾，学校就允许钱钟书每周在学校吃两顿饭。后来，夫妻二人在漫漫人生路上辗转流离，但将钱钟书在牛津大学穿过的黑布背心保存了下来，成为了夫妻二人在牛津大学的见证。2003 年，杨绛将那件珍贵的黑布背心慷慨地捐献给了中国国家博物馆。

钱钟书进入牛津大学之后，除了礼拜天几乎都要穿着黑布背心挤公交上学。期间发生了一件趣事，钱钟书有一次居然从公共汽车上掉了下来，并且还趴在了地上，磕掉了多半个门牙。杨绛在《我们仨》里这样描述当时的情景：

“他初到牛津，就吻了牛津的地，磕掉大半个门牙。他是一人出门的，下公共汽车未及站稳，车就开了。他脸朝地摔一大跤。那时我们在老金家做房客。同寓除了我们夫妇，还有住单身房的两位房客，一姓林，一姓曾，都是到牛津访问的医学专家。钟书摔了跤，自己又走回来，用大手绢捂着嘴。手绢上全是鲜血，抖开手绢，落下半枚断牙，满口鲜血。我急得不知怎样能把断牙续上。幸同寓都是医生。他们教我陪钟书赶快找牙医，拔去断牙，然后再镶假牙。”

回到学校的钱钟书形象地把这件事说成是“和牛津泥土的第一次拥抱”。这句话被记录在了卡片上，后面还加了“等”字，从中可以看出，钱钟书在牛津大学曾经闹出过不少“趣事”。

相比之下，杨绛就没有钱钟书具备国民政府的庚款支持那么幸运了。面对牛津大学高昂的学费和导师费，她实在难以向已经患高血压的父亲写信要钱，只好做旁听生，无法领取黑布背心的校服。有时候站在牛津大学的学生堆里，杨绛感觉自己有些另类，颇有失学的感觉。

牛津大学的教学制度是导师制，是一种传统的书院式教学，一名导师只带一两个学生，对学生的控制力很大，学生必须在导师的指导下勤奋学习。一般情况下，学生的导师由学校指派。钱钟书的导师是布瑞特·斯密斯教授，是一对一教学，对钱钟书要求很严格。按照学制，第一年练习写文章，文章都是导师亲自为学生批改，对学生的文句要求是简洁明了，论点需要有新意。钱钟书还发现，导师出的论文题目都比较偏，选材料也是一些不知名的小作家，目的是让学生开阔思路。这样的教学让钱钟书受益匪浅，写文章的英文语句变得典雅精致，挥洒自如。

钱钟书除了上课就是“泡”牛津大学的图书馆。牛津大学图书馆有藏书五百多万册，另外还有六万卷手稿，经典作品以 18 世纪为界，仅限于 18 世纪和之前的经典作品。牛津大学的教授们感觉，19 世纪的文学创作诸如狄更斯、萨克雷等人的作品，还不能算作经典。按照规定，牛津大学图书馆的图书不外借，学生只能在图书馆里读。图书馆里读书的学生并不多，所以显得非常幽静。钱钟书和杨绛不上课的时间都会坐到图书馆的单桌前勤奋用功。他们按照时间先后一本一本地读，各自选择自己喜欢的作家作品，谁找到感觉不错的书就给对方分享一下，回到家里后还互相交流心得体会，增进了夫妻关系，也加强了二人学业之间的互补。吴学昭在《听杨绛谈往事》这样记录下杨绛对当时的回忆：

“有些小小的‘歪学问’，常使钟书惊奇。……一次钟书把我背的词和他刚读到的对比，一字不错，就在日记上说我想‘胜过’他呢。当然是胡说。我读了诗话，苏东坡‘众星烂如沸’句，被诗话作者打杠。我不服，钟书和我所见恰好一样。我读雪莱诗，有一句也是‘鸟鸣山更幽’的意思，他十分赞成，也记在日记上。现在《管锥编》里还存此句，但未提我名。”

另外，钱钟书夫妇二人还从国内带了很多旧书，以及文房四宝、字帖等，白天上课、去图书馆，晚上就在家里读中文书。夫妻二人为此还开展了读书比赛，年终总结算。到了牛津后第一年（1935 年）统计结果，二人读书册数基本持平。杨绛后来回忆说，钱钟书读的都是大部头的作品，并且中文书不算数，而杨绛则把小册子也算了进去。钱钟书在日记里这样写了一句：“季（杨绛原名杨季康）承认自己‘无赖’。”

牛津大学里有很多英国的贵族子弟，这些人在学校难以遵守纪律，夜间还时常偷偷地跑出去花天酒地去寻欢作乐。因此，牛津学校给每个学生都指派了学业导师和品行导师，加强对学生的管理。喜欢读书的钱钟书品行让导师非常放心。牛津大学的假期比较长，学生都会离开牛津四处走一走，唯有钱钟书和杨绛夫妇整年留在牛津，坚持读书学习。

钱钟书在牛津大学期间还为一本外国人写的《苏东坡赋》写过序文，还曾经被作者邀请吃饭。杨绛在《我们仨》里记录了作者请他们夫妇吃饭的过程：

“钟书在牛津上学期间，只穿过一次礼服。因为要到圣乔治大饭店赴宴。主人是 C. D. Le Gros Clark。他 1935 年曾出版《苏东坡赋》一小册，请钟书写了序文。他得知钱钟书在牛津，特偕夫人从巴黎赶到牛津来相会，请我们夫妇吃晚饭。”

在牛津大学（中）

钱钟书夫妻租住房屋的房主负责给他们二人提供饭食，这样可以节省很多时间。如此一来，夫妇二人就抽出时间利用从国内带来的文房四宝练习书法。钱钟书开始临摹郑孝胥体，自我感觉不好；后来发现杨绛临摹麓山寺碑帖，感觉很好，于是夫妻二人一起临摹。

钱钟书向来对生活方面的一些琐事不关心，也不擅长，所以杨绛才和他一起来到牛津留学，目的就是为了在生活上能够照顾他。杨绛尽管在国内从来没有料理家里的日常开支，可出于女性天生的本能，杨绛在牛津将夫妻二人的日常财务管理得井井有条。钱钟书对此感觉非常省心，索性就将家中的“大权”都交给杨绛管理。对于杨绛的生活账本，钱钟书从不过问，也非常放心。

接受过传统教育的钱钟书在饮食方面同样比较传统，英国的西式餐食诸如奶酪、牛排、黄油，钱钟书都不喜欢吃，为此他曾经写诗寄托自己在牛津生活饮食方面的烦恼：

“嗜膻喜淡颉羹浑，

夷味何能辨素荤。”

房东家的伙食开始还能凑合着吃，可到了后来就越来越不好，以至于到了难以下咽的地步。杨绛了解钱钟书，总是在饭菜中努力寻找他喜欢的给他。即便这样，钱钟书依然在渐渐消瘦下去。杨绛看在眼里，记在心上，她反复思考，决定改租一套带有厨房的房子，自己做饭菜给钱钟书吃，只有这样才能把钱钟书照顾好，才能让他好好学习。

打定主意后，杨绛没有告诉钱钟书就开始留意招租广告，自己抽时间去找房子，但一时半会儿没有找到合适的。有一天，夫妻二人出去散步来到了牛津大学公园对面的高级住宅生活小区，杨绛一眼撇见花园路的瑙伦园风景胜处有一座三层洋楼的招租启事，可再一次来到那里就看不到了。执着的杨绛忍不住抽时间一人找了过去，直接见到了房主达蕾女士。达蕾女士仔细打量了杨绛一番，又问询了一些事情，然后就带领杨绛来到了二楼。杨绛看到二楼有一间卧室，一间起居室，还有一个大阳台，下面是大片草坪和花园。房子的浴室和厕所在一起，厨房里面有电灶。最让杨绛感觉满意的是，这套房子与本楼其他房间是分隔开来的：从室外楼梯可以到花园，还有小门出入，完全是一套独立的房子。

杨绛详细询问了租住条件后，第二天就带领钱钟书来看房子。钱钟书看到这套房子距离学校和图书馆都很近，和修道院对门，环境幽雅，就表示同意杨绛的想法。夫妻二人马上开始行动，很快办理了手续，然后乔迁新居。

住进新居的第一天，钱钟书就利用从同学那里学来的冲茶方法给杨绛准备早餐，他烤面包、热牛奶、煮鸡蛋、冲红茶，另外还有黄油、果酱、蜂蜜，然后用托盘送到杨绛的床头。此举让杨绛大喜过望，她真没想到钱钟书能做出这么好的美味。得到表扬的钱钟书自然非常得意，从此家里的早餐就由钱钟书制作。

接下来的日子，杨绛就担负起了厨房里的一切事务。牛津的食品需要到商店订购，杨绛就利用和钱钟书一起到图书馆或者散步的时间内来完成，到时候商店就会将订购的食品送上门来，非常方便。厨房里有现成的炊餐具，夫妻二人很快学会使用电灶做饭。杨绛主厨，钱钟书帮忙，二人学做中餐：红烧肉，炖鱼……中餐非常适合他们的胃口，都吃得很好。为此，钱钟书还特地为杨绛写了一首七绝《赠绛》，以此表达对妻子的感激之情：

“卷袖围裙为口忙，

朝朝洗手作羹汤。

忧卿烟火熏颜色，

欲觅仙人辟谷方。”

在这首诗里，钱钟书对杨绛辛辛苦苦操持家务做了细致的描述。为此，钱钟书言说自己为了避免妻子过多地劳累，想学习仙人的“辟谷”手段——不需要吃饭依然可以生活的本事，从中可以看出钱钟书对杨绛的情谊。

杨绛在《我们仨》里，这样描述当时二人的生活：

“我把做午饭作为我的专职，钟书只当助手。我有时想，假如我们不用吃饭，就更轻松快活了。可是钟书不同意。他说，他是要吃的。神仙煮白石，吃了久远不饿，多没趣呀，他不羡慕。但他做诗却说‘忧卿烟火熏颜色，欲觅仙人辟谷方’。电灶并不冒烟，他也不想辟谷。”

生活愉快了，钱钟书就变得淘气起来。有一次，杨绛午睡的时候被钱钟书涂了大花脸，从中可以看出钱钟书的性格比较散漫，也表明他对当时的生活非常满意。

钱钟书和杨绛都痴迷读书，所以夫妻二人喜欢逛书店。每次看到喜欢的书籍，钱钟书都要向杨绛“打报告”，准备买下来，可杨绛感觉此时家并没有安顿下来，有朝一日还要回国，书太多了不方便，就敷衍钱钟书说：“下次吧。”可是，等夫妻二人再来到这里时，那本书已经卖掉了。为此，钱钟书就在日记上发泄对杨绛的不满意：“妇言不可听。”

牛津的天气以晴为主，钱钟书夫妻在这样的天气里喜欢散步。大街小巷，闹市郊区，教堂，店铺……熟练的英语交流让钱钟书夫妇二人成为了很多人的朋友，包括邮递员。有时候，邮递员在路途中碰见正在散步的钱钟书夫妇，就会将国内的家信交给他们，而每次这样的情景下，都会有孩童等在一旁，然后非常客气地向他们讨要中国邮票。

对于出国的人来说，想家的念头肯定时时萦绕在心头，尤其是第一次出国，钱钟书和杨绛也是一样。不过，女人似乎更加多愁善感。比如杨绛，出国之后几乎每周都能收到家里的信件，父母、姊妹……都会亲笔给杨绛在信纸上非常亲切地聊上几句。此举让钱钟书非常羡慕。相比之下，钱钟书的家信要少很多，母亲从来不写信，父亲钱基博属于传统的知识分子，即便写信也都是严父一般的谆谆教诲，很少在家信中亲切地问长问短和聊天。算下来，杨绛接到三封家信，钱钟书才能收到一封。以至于每次杨绛收到那些“浓厚亲情味”的家信，钱钟书总会凑上前去读一读，回信的时候也在杨绛后边写上几句，以此解一解乡愁。

杨绛喜欢音乐，钱钟书专门为她写了一首四言诗：

“欲调无筝，欲抚无琴。

赤口白舌，何以写心。

咏歌不足，丝竹胜肉。

渐近自然，难传衷曲。

如春在花，如盐在水。

如无却有，悒悒莫解。

茧中有肾，化蛾能飞。

心中有物，即之忽希。”

这首诗形象地描述出当时的情况。杨绛喜爱传统音乐，但牛津听不到、也找不到中国民族乐器的影子。杨绛在家信里诉说了心事，父亲很快把《元曲选》寄到了牛津。杨绛从此可以拿着元曲随便唱唱，后来还教钱钟书唱。钱钟书就添油加醋一边表演一边唱，夫妻生活得好不快活。

不过，有时候也会有意外发生。1936 年初春的一天，杨绛送钱钟书到学校去上课，此时忽然起了一阵风把门给关上了，房门的钥匙关在了屋内。杨绛心里清楚，找锁匠开门是一笔不小的费用，况且当时杨绛身上没钱。杨绛考虑再三，决定显示一下小时候上树爬墙的本领。她首先来到楼房后面的花园找到正在修剪树木草坪的园丁，然后请园丁把工作用的长梯挪到阳台边上。杨绛爬长梯上到阳台，然后在阳台上找到两只箱子，站在箱子上就爬上了门窗，不知怎么就钻到了卧室里边。钱钟书下课回到家里，杨绛一切如旧。

杨绛还有一次险些煤气中毒。当时，夫妻二人说笑喝茶之后，钱钟书上课去了。杨绛就在沙发上坐着，一会儿间竟然昏昏欲睡，可此时杨绛忽然感觉室内有股味，猛然想起了煤气中毒，就挣扎起来打开了窗子……

在牛津大学（下）

1936年7月，第一届世界青年大会准备在瑞士日内瓦召开，中国国民政府通过英国当局指派钱钟书代表中国青年参加大会，并在大会上发言。钱钟书在牛津大学考试完所有科目之后，夫妻二人决定乘此机会到伦敦、巴黎去走一走，下一步准备到巴黎大学攻读学位。和房东约定好之后，钱钟书和杨绛就首先来到了伦敦，然后到伦敦大学帝国理工学院找堂弟钱钟韩。不巧，钱钟韩去德国和北欧实习了。没办法，钱钟书和杨绛就开始在伦敦"漫游"。他们去了圣詹姆斯公园、海德公园、动物园、植物园、特拉法广场等等，还看望了一些在伦敦的中国留学生。接下来，夫妻二人就乘船来到了巴黎。

在巴黎，钱钟书夫妇还没来得及见老同学就匆匆上了开往瑞士的火车。杨绛在朋友的介绍下结识了一位身在巴黎的中国共产党人士，然后被邀请作为中国共产党方面的青年代表。在火车上，钱钟书夫妇和陶行知是一个车厢，三人聊得不亦乐乎。

来到瑞士之后，钱钟书不喜欢在大会上发言，就让别人替他在主席台上读了自己写的致辞稿。会议期间，遇到比较重要的会议，钱钟书和杨绛都需要参加。如果遇到能“溜”的会，夫妇二人都到外边去游玩，饱览瑞士的美丽风光。

会议结束后，钱钟书和杨绛踏上了返回牛津的归途。此时，杨绛感觉到了身体的某些“不适”：头晕，呕吐……同车厢的女友很快判断出杨绛属于孕期反应，于是都加入到照顾杨绛的行列中。加拿大的女代表让杨绛横卧在自己腿上并抱着她，还有其他女友用湿手绢冰润杨绛的额头，钱钟书和杨绛都感到了异国他乡人的温暖。

途径巴黎时，杨绛遇到了清华同班学习法语的同学后来成为作家、教授的盛澄华。在得知钱钟书夫妇准备到巴黎大学学习时，盛澄华给他们出主意：马上在巴黎大学注册入学。原因是，读学位需要两年时间，而巴黎大学没有像牛津大学每周必须在学校食堂吃饭的制度。就这样，盛澄华替钱钟书夫妇办理了巴黎大学注册。接下来，钱钟书夫妇返回牛津，但此刻他们已经成为巴黎大学的学生了。

在牛津大学，钱钟书下一年学业的主要任务是撰写毕业论文。为此，他开始搜集资料，初步拟定的论文题目是《中国与英国文学》，随后开始写内容提要，但他的导师不懂中国文化，根本不了解钱钟书撰写这篇论文的价值所在。没办法，钱钟书只得修改题目，将论文题目改为《17 世纪及 18 世纪英国文学里的中国》。这篇论文用英文写成，几经修改后获得导师通过，后来被打印装订成册，收藏于牛津大学图书馆，编号为 MsB. litt. d 288。

这篇论文价值很高，后来成为英国人士了解中国文化的重要资料。据说，1986 年 10 月英国女王访问北京之前就曾阅读了这篇论文，足见钱钟书的这篇论文在英国人心中的位置。中国抗战时期，钱钟书在昆明西南联大任教时，就抽机会将这篇论文的打印稿交给了大后方大学图书馆总负责人、《中国图书季刊》主编、著名图书馆专家袁同礼，随后分三期发表在《中国图书季刊》上。

在牛津的最后一年里，钱钟书除了潜心撰写毕业论文之外，还对身怀六甲的杨绛关心备至，在家里努力学做家务。钱钟书还特意对杨绛说：

“我不要儿子，我要女儿——只要一个，像你的。”（杨绛《我们仨》）

1937年春天，杨绛的预产期临近。钱钟书提前就在牛津妇产医院订下了房间，还预约的大夫。医院的女院长问钱钟书：“是不是要女大夫？”钱钟书回答：“要最好的。”院长就向杨绛推荐了斯班斯大夫，他和钱钟书夫妇住在一个小区内，房子在非常美丽的花园里，家里设有诊所。杨绛定期去斯班斯大夫的诊所去做产检，开始是每月一次，后来变成两周一次，都是徒步行走，十来分钟即到，很方便。经验丰富的斯班斯大夫估计婴儿会在国王加冕大典的日子诞生，就对杨绛说：“你将生一个加冕日娃娃。”

孩子生下来之后，护士告诉杨绛，这是在牛津生下的第二个中国孩子。在《我们仨》里，杨绛这样描述当时的情景：

“钟书这天来看了我四次。我是前一天由汽车送进产院的。我们的寓所离产院不算太远，但公交车都不能到达。钟书得横越几道平行的公交车路，所以只好步行。他上午来，知道得了一个女儿，医院还不让他和我见面。第二次来，知道我上了闷药，还没醒。第三次来见到了我；我已从法兰绒包包里解放出来，但是还昏昏地睡，无力说话。第四次是午后茶之后，我已清醒。护士特为他把娃娃从婴儿室里抱出来让爸爸看。

钟书仔仔细细看了又看，看了又看，然后得意地说：‘这是我的女儿，我喜欢的。’

阿圆长大后，我把爸爸的‘欢迎辞’告诉她，她很感激。因为我当时还从未见过初生的婴儿，据我的形容，她又丑又怪。我得知钟书是第四次来，已来来回回走了七趟，怕他累坏了，嘱他坐汽车回去。

阿圆懂事后，每逢生日，钟书总要说，这是母难之日。可是也难为了爸爸，也难为了她本人。她是死而复苏的。她大概很不愿意，哭得特响。护士们因她啼声洪亮，称她Miss Sing High，译意为‘高歌小姐’，译音为‘星海小姐’。”

前面已经提到，钱钟书在生活方面不擅长，平时家里的日常事务都由杨绛管理，包括洗衣服做饭。如今杨绛在妇产医院，钱钟书不仅要一人在家生活，而且还要抽时间到医院去看望杨绛。这样一来，不会料理日常生活的钱钟书既要管理自己的生活，心里还时常挂念着去看望妻儿，所以忙得不亦乐乎，为此还时不时出一些“小差错”。杨绛在《我们仨》里非常风趣地描述了当时钱钟书的“生活乱象”：

“钟书这段时间只一个人过日子，每天到产院探望，常苦着脸说：‘我做坏事了。’他打翻了墨水瓶，把房东家的桌布染了。我说：‘不要紧，我会洗。’

‘墨水呀！’‘墨水也能洗。’

他就放心回去。然后他又做坏事了，把台灯砸了。我问明是怎样的灯，我说：‘不要紧，我会修。’他又放心回去。

我说‘不要紧’，他真的就放心了。因为他很相信我说的‘不要紧’。我们在伦敦‘探险’时，他颧骨上生了一个疔。我也很着急。有人介绍了一位英国护士，她教我做热敷。我安慰钟书说：‘不要紧，我会给你治。’我认认真真每几小时为他做一次热敷，没几天，我把脓拔去，脸上没留下一点疤痕。他感激之余，对我说的‘不要紧’深信不疑。我住产院时他做的种种‘坏事’，我回寓后，真的全都修好。

钟书叫了汽车接妻女出院，回到寓所。他炖了鸡汤，还剥了碧绿的嫩蚕豆瓣，煮在汤里，盛在碗里，端给我吃。钱家的人若知道他们的‘大阿官’能这般伺候产妇，不知该多么惊奇。”

孩子出生之后，钱钟书除了照顾杨绛，随后就是准备毕业。按照牛津大学的规定，钱钟书在毕业论文《17 世纪及 18 世纪英国文学里的中国》获得通过之后，需要在 1937 年 5 月向校方提出自己获得了学位的研究报告。得到导师证明之后，钱钟书就准备了两篇论文送到了英文系，英文系很快认命了主考官：牛津大学的基布尔学院英文导师列奥纳多·莱斯-奥胥黎、林肯学院中国宗教和哲学准教授欧内斯特·休斯。

6 月 22 日，钱钟书向主考官提交了论文，随后参加了口试。主考官给钱钟书下得结论是：论文和口试的水准已经达到了获得学位的程度。接下来，按照牛津大学的规定，毕业生在毕业论文通过之后需要提出硕士申请，还要参加毕业典礼，这样才可以获得硕士学位。牛津大学校方认为，根据章程要求，埃克赛特学员学生钱钟书在英文系的指导下完成了学业研究，在论文和考试都达到了获得文学硕士水准。但是，钱钟书当时没有提交申请，也没有参加毕业典礼。所以，牛津大学英文系在四个月之后只授予了钱钟书文学士文凭。

就这样，钱钟书在 1938 年夏天拿到了牛津大学的文学士文凭，并没有申请几乎已经到手的文学硕士学位。对于这个问题，杨绛在《我们仨》这样说：

“钟书通过了牛津的论文考试，如获重赦。他觉得为一个学位赔掉许多时间，很不值当。他白费功夫读些不必要的功课，想读的许多书都只好放弃。因此他常引用一位曾获牛津文学学士的英国学者对文学学士的评价：‘文学学士，就是对文学无识无知。’钟书从此不想再读什么学位。”

从当时的情况来分析，钱钟书之所以没有向牛津大学提出文学硕士学位申请，原因之一是自己和杨绛已经通过杨绛的清华同学盛澄华在巴黎大学完成了注册，做好了到巴黎深造的准备，再一个原因就是刚刚出生的女儿。因此，钱钟书没有时间向牛津大学提学位申请和参加毕业典礼。还有，国内提供给钱钟书的奖学金只能延期一年时间，这也是钱钟书夫妇选择直接去巴黎的原因。

不过，从杨绛后来的回忆中可以发现，钱钟书在牛津大学拿这个文学学士文凭也不轻松。当时，钱钟书对古文书学和订书学两门课程都很反感，古文书学还曾经补考过一次。或许是因为这样的原因，钱钟书对再读研究生失去了信心。

在巴黎

1937年，二十七岁的钱钟书在拿到牛津大学的学士证之后，女儿钱瑗出生也超过一百天了。一家三口乘船通过加莱海峡来到了法国。进入法国后，法国人的热情让钱钟书夫妇首次领略了法兰西文化的魅力。杨绛在《我们仨》里用浓浓的笔墨写出了法国人的友善和礼遇：

“我因钟书不会抱孩子，把应该手提的打字机之类都塞在大箱子里结票。他两手提两只小提箱，我抱不动娃娃的时候可和他换换手。渡轮抵达法国加来，港口管理人员上船，看见我抱着个婴儿立在人群中，立即把我请出来，让我抱着阿圆优先下船。满船渡客排成长队，挨次下船。我第一个到海关，很悠闲地认出自己的一件件行李。钟书随后也到了。海关人员都争看中国娃娃，行李一件也没查。他们表示对中国娃娃的友好，没打开一个箱子，笑嘻嘻地一一画上‘通过’的记号，我觉得法国人比英国人更关心并爱护婴儿和母亲。”

来到巴黎之后，一家三口租住在郊区的一间公寓里，距离巴黎市区很近，大约有五分钟的车程，有很多男女学生在这所公寓居住。公寓的主人是迦淑夫人（Madame Caseau），她性格比较慷慨，兼管租住人的伙食，一日三餐的菜式不仅丰富而且很便宜。不过，钱钟书夫妇几天之后就感觉到了不习惯，原因是这里吃饭非常“法国式”：吃饭的时候都要闲聊，饭菜在闲聊的过程中一道一道慢慢地端上来。这样平均下来，一顿饭需要两个小时，这对于钱钟书夫妇来说太“浪费时间”了。很快，钱钟书一家退出了公寓的伙食，开始自己动手做饭，这样可以节省很多时间来看书学习。

钱钟书来到巴黎大学才发现，巴黎大学的学习制度太自由了。学生们都可以自由选择听课和看书，而这种氛围正是钱钟书所需要的，他可以自由选择学习方式。钱钟书在巴黎的一年时间里，除了选择自己喜欢的课去听一听之外，其他时间都在踏踏实实读自己喜欢的书籍。钱钟书读书有自己的计划，可能随时浏览，也可能认真阅读。他读书速度非常惊人，吸收消化也非常快，几乎每天都会自由自在地畅游在书海之中，按照自己的意愿选择各种各样的书籍。法语系列的书籍从15世纪一直到近代，文化史上有名气的和没名气的慢慢读过来，中文、英文、法文、德文、意大利文……在书籍的海洋里，钱钟书随心所欲畅游。

钱钟书时常读法文书籍，对法语的词汇句子以及语法掌握得很好，书面法语已经纯熟，但缺乏口语交流的锻炼。巴黎人的口语非常流利柔滑而且动听，钱钟书非常羡慕。为此，从来没有问过柴米油盐的钱钟书挎起了菜篮子，不断到巴黎郊区的集市上去买菜，目的就是为了练习和当地人对话，以此练习法语的口语交流。这个办法非常好，没有多长时间，钱钟书的法语进步非常显著，已经融入了巴黎市民中。

巴黎有很多中国留学生，比如曾经帮助钱钟书夫妇进巴黎大学的盛澄华，另外还有后来成为著名图书专家、文史交通史专家、著名教授的向达，后来成为著名诗人、作家的王辛笛等等。杨绛在《我们仨》里，这样描述他们朋友间的交往：

“我们每出门，总会碰到同学或相识。当时寄宿巴黎大学宿舍‘大学城’的学生有一位H小姐住美国馆，一位T小姐住英国馆，盛澄华住瑞士馆。其他散居巴黎各区。与我们经常来往的是林藜光、李伟夫妇。李伟是清华同学，中文系的，能作诗填词，墨笔字写得很老练。林藜光专攻梵文，他治学严谨，正在读国家博士。他们有一个儿子和我们的女儿同年同月生。

…………

向达也到了巴黎，他仍是我们的常客。林藜光好客，李伟能烹调，他们家经常请客吃饭。T小姐豪爽好客，也经常请客。H小姐是她的朋友，比她更年轻貌美。H小姐是盛澄华的意中人。盛澄华很羡慕我们夫妻同学，也想结婚。可是H小姐还没有表示同意。有一位由汪精卫资助出国留学的哲学家正在追T小姐。追求T小姐的不止一人，所以，仅我提到的这几个人，就够热闹的。我们有时在大学城的餐厅吃饭，有时在中国餐馆吃饭。”

钱钟书非常喜欢读书，不热心于人情交往。在巴黎时期，钱钟书写过诗，诗中寄托了他当时在巴黎的心情。其中一首是这样的：

“《清音河（塞纳河）河上小桥晚眺》

万点灯光夺月光，一弓云畔挂昏黄。

不消露洗风磨皎，免我低头念故乡。

电光撩眼烂生寒，撒米攒星有是观。

但得灯浓任月淡，中天尽好付谁看。”

法国人自由活泼的思想给钱钟书留下了深刻的印象，对从小接受严格的传统国文教育的钱钟书的思维方式产生了巨大影响，这一点在其后来的作品里可以发现。比如，钱钟书未完成的小说《百合心》，其书名的含义就充满“法兰西自由活泼”色彩：人心就像一只百合，通过层层剥落的过程后，最后结果却什么都没有，其实结果就在剥落的过程当中。钱钟书思想上的多元变化是在巴黎留学最大的收获，他敏锐的思想视野已经超越了狭义的文化研究，把中国文化最为古奥的经典和世界新文化思潮融会贯通。这是钱钟书作为一名中国学者后来能够闻名世界、能够让世界接受的一个重要原因。

在巴黎大学，钱钟书刚开始有攻读学位的想法，但后来放弃了。在后来的名著《围城》里，钱钟书借主人公之口说出了自己的学位观。小说《围城》描写的是20世纪30年代的民国社会，是以钱钟书出国作为背景创作的。主人公方鸿渐就是以钱钟书本人为原型，以学中国文学的身份在欧洲留学，结果什么学位都没拿到，最后发感慨说：

“这一张文凭，仿佛有亚当、夏娃下身那片树叶的功用，可以遮羞包丑；小小一方纸能把一个人的空疏、寡陋、愚笨都掩盖起来。自己没有文凭，好像精神上赤条条的，没有包裹。”

…………

“唐小姐，现在的留学跟前清的科举功名一样，我父亲常说，从前人不中进士，随你官做得多么大，总抱着终身遗憾。留了学也可以解脱这种自卑心理，并非为高深学问。出洋好比出痘子、出痧子，非出不可。小孩子出过痧痘，就可以安全长大，以后碰见这两种毛病，不怕传染。我们出过洋，也算了了一桩心愿，灵魂健全，见了博士硕士们这些微生虫，有抵抗力来自卫。痘出过了，我们就把出痘这一回事忘了；留过学的人也应说把留学这事忘了。像曹元朗那种念念不忘是留学生，到处挂着牛津、剑桥的幌子，就像甘心出天花变成麻子，还得意自己的脸像好文章加了密圈呢。”

钱钟书在巴黎学习一年，没有攻读学位的压力，没有工作的压力，更没有因为生活而烦恼。女儿偶尔的啼哭或许能够让钱钟书从书海中醒悟过来，随后帮助杨绛照顾孩子。其他时间，钱钟书都在看书和学习。这对于一生痴迷读书的钱钟书来说绝对是难能可贵的时光。但是，一年之后的 1938 年，世界大战的乌云已经笼罩在整个世界上空，德国法西斯正在对欧洲虎视眈眈，巴黎似乎已经充满了血腥味，如此导致法国的出境船票非常紧张。而此时，万里之遥的祖国已经被日军的铁蹄践踏，杨绛的母亲在逃难的路上不幸辞世。钱钟书夫妇为祖国担忧，思乡心切，他们费尽周折买到了回国的船票，在 1938 年 8 月离开了法国，踏上了回国的路途。

“　《巴黎归国》　钱钟书

置家枉夺买书钱，明发沧波望渺然。

背羡蜗牛移舍易，腹输袋鼠契儿便。

相传复楚能三户，倘及平吴不廿年。

掂出江南何物句，梅村心事有同怜。”

值得一提的是，钱钟书回国乘坐的法国邮船，同样给钱钟书留下了深刻印象。在后来的《围城》创作中，开篇的那条白拉日隆子爵号轮船，其实就是法国邮船的缩影。在小说中，钱钟书描写了船上的很多法国人，这跟钱钟书在巴黎的学习见闻是分不开的。

钱钟书虽然喜欢法兰西的文化，可他在巴黎的一年时间里，也发现了法国人的某些劣迹。他在《围城》写过一句这样的话：“法国人的思想是有名的清楚，他们的文章也明白干净，但是他们的做事，无不混乱、肮脏、喧哗。”

一年的时间，法国巴黎给钱钟书留下了深刻印象，致使他在很多作品中描写“法兰西文化”。法国人很快领会到了这一点，所以很重视钱钟书的作品。1983年，法国学者皮埃尔·里克曼斯首先用法语介绍钱钟书的作品。后来，钱钟书的很多作品，诸如《中国诗与中国画》《通感》《诗可以怨》《宋诗选注序》与《谈艺录·诗分唐宋》都被译成法语。《围城》翻译成法语后在法国引起巨大反响，让钱钟书成为法国人心中与鲁迅、茅盾、老舍、巴金相提并论的人物。法国汉学家非常重视钱钟书，认为钱钟书是现代中国文坛最引人注目的、最出色的人物之一。有一些法国学者曾经呼吁，应该授予钱钟书诺贝尔文学奖。1998年钱钟书去世后，当时的法国总统希拉克特意发来唁电表示哀悼，在电文中对钱钟书做出了高度评价，也对钱钟书在巴黎留学为宣传法兰西文化做出的贡献做了充分的肯定：

“在钱钟书先生的身上体现了中华民族最美好的品质：聪明、善良、开放和谦虚。法国深知这位20世纪的文豪对法国所作的贡献。……自30年代钱钟书先生就读于巴黎大学时，他就一直为法国文化带来荣誉并让读者分享他对于法国作家和哲学家的热爱。他极大的才情吸引了他的全部读者。……其作品的法语译本，无论是短篇小说，长篇巨著《围城》，还是评论研究，都被我国广大的读者视为名著，受到他们的欢迎。……我向这位伟人鞠躬致意，他将以他的自由创作、审慎思想和全球意识铭记在文化历史中并成为对未来世代的灵感源泉。”

第四章

抗战岁月中的『围城』

在西南联合大学

继 1937 年日军铁蹄踏进中原之后，国家处于生死存亡的紧急关头，中国抗战全面展开。在这样的局势下，国家更加重视教育。北京大学、清华大学和南开大学为了躲避日军的铁蹄，就来到昆明成立了西南联合大学。自 1937 年 8 月建立到 1946 年停办这段时间，西南联合大学为战火纷飞的中国保存了一支极为重要的科研力量和培养了一大批优秀学生，为中国和世界的发展做出了重大贡献。后来统计，西南联合大学校友有一百七十三人当选中国科学院院士。杰出的教育成就让西南联合大学享有了“内树学术自由，外筑民主堡垒”的美誉。

1938 年，从欧洲返回的钱钟书还没有抵达国内，就接到了西南联合大学的聘任书。当邮轮抵达香港后，钱钟书需要去昆明报到，而杨绛则需要去上海去看望亲人。杨绛在《我们仨》里非常生动地描写了当时一家三口分别的情景：

“钟书已有约回清华教书，我已把他的书本笔记和衣物单独分开。船到香港，他就上岸直赴昆明西南联大（清华当时属西南联大）。他只身远去，我很不放心。圆圆眼看着爸爸坐上小渡船离开大船，渐去渐远，就此不回来了，她直发呆。她还不会说话，我也无法和她解释。”

西南联大聘请钱钟书做外语系教授属于破格聘请，主要得力于钱钟书在清华大学学习时候的老师吴宓教授和当时西南联大文学院院长冯友兰的大力推荐。冯友兰给当时西南联合大学校务委员会常委兼主席梅贻琦的信中有这样的话：“弟意名义可与教授，月薪三百，不知近聘王竹溪、华罗庚条件如何？钱之待遇不减于此二人方好……”

1938 年 10 月下旬，钱钟书抵达昆明西南联大。他在外语系开三门课程：大一的英语，还有高年级的选修课，文艺复兴时期文学和现代小说。当时，钱钟书在清华学习时期的老师很多都在西南联大。叶公超在钱钟书第一次上课时还亲自到教室向同学们介绍，说钱钟书是自己的学生，非常得意。吴宓特意找来钱钟书上课期间的学生笔记来看，对钱钟书非常推崇。

北京大学著名教授、翻译家许渊冲这样回忆钱钟书在西南联大上课的情景：“钱钟书讲课时满口英文，不说一句中文；只讲解知识，不提问题；对学生不表扬也不批评，脸上自始至终挂着微笑。”当时，昆明的电影院正在放映外国电影《罗密欧与朱丽叶》，钱钟书就在课堂上用英语说：“很多人看了这部电影，男的就想做罗密欧，女的就想做朱丽叶。”

恃才傲物是人之常情，钱钟书也不例外。博学多才的他在西南联大眼界比较高，能入他法眼的人不多。如此一来，钱钟书和同事相处的关系并不好。据说，钱钟书在西南联大曾经说过这样一句话：“西南联大的外语系根本不行，叶公超太懒，吴宓太笨，陈福田太俗。”

钱钟书的这句话肯定会伤及三位老师的心，进而导致师生、同事之间的关系不好相处。此间还发生了一件事，让钱钟书和恩师叶公超之间的关系蒙上了阴影。根据吴学昭《听杨绛谈往事》透露，当年钱钟书夫妇从欧洲回国时带回来很多西方书籍，来到西南联大后，外语系收购了钱钟书的这些书籍之后没有按照原价付款。对于这件事，当时的外语系主任叶公超难脱干系。在《吴宓诗集》里有一首钱钟书致吴宓的诗，从中可以看出这件事情的缘由：

“生钟书再拜，上白雨僧师：体中近何如？勿药当有喜。珏良出片纸，召我以小诗。想见有逸兴，文字自娱戏。尚望勤摄卫，病去如抽丝。书单开列事，请得陈其词。五日日未午，高斋一叩扉。舍迩人偏远，怅怅独来归。清缮所开目，价格略可稽。应开二百镑，有羡而无亏；尚余四十许，待师补缺遗。媵书上叶先（叶公超），重言申明之。珏良（周珏良）所目睹，皎皎不可欺。朝来与叶晤，复将此点提；则云已自补，无复有余资。由渠生性急，致我食言肥。此中多曲折，特以报师知，匆匆匆尽意，下午第五时。”

这件小事肯定会影响性格耿直的钱钟书和恩师叶公超的关系。值得一提的是，叶公超本人在 1940 年 6 月离开西南联大去了重庆，其藏书委托吴宓教授议价卖给了西南联大。

当时，几所大学从日占领区迁移到昆明后，教职员工宿舍都非常简陋，只能租赁当地的民房。来到西南联大之后，钱钟书和其他教职员工一样住在民房里。他居住在昆明大西门文化巷十一号，房子不大，“屋小如舟”。为此，钱钟书特意给自己居住的房子起名“冷屋”。1939 年 1 月到 5 月，钱钟书在《今日评论》周刊上发表了四篇“冷屋随笔”。其中，在《冷屋随笔之一》引言中，钱钟书这样写：“赁屋甚寒，故曰冷。”

和钱钟书相邻的有清华外文系1935年毕业的西南联大助教顾宪良，另外还有西南联大外文系和哲学系的几名学生。当时，钱钟书在昆明能独居一室已经很不错了。叶公超、吴宓、金岳霖等刚刚到昆明的时候是两三人合住一室。

钱钟书来到昆明之后，妻子杨绛回到了上海，夫妻分居。钱钟书非常想念妻子和女儿，就通过诗歌创作排解心中的孤独。他写的诗作《昆明舍馆作》里前两首是思念亲人的：

“其一：万念如虫竞蚀心，

一身如影欲依形。

十年离味从头记，

尔许凄凉总未经。

其二：屋小檐深昼不明，

板床支凳几难平。

萧然四壁埃尘绣，

百遍思君绕室行。”

钱钟书非常想念远在上海的家人，隔三岔五给杨绛写信，然后再期盼杨绛的回信。他在一个小本子上写了一首小诗《一日》，描述了当时钱钟书思念妻子女儿的心情：

“一日不得书，忽忽若有亡。

二日不得书，绕室走惶惶。

百端自譬慰，三日书可望；

生嗔情咄咄，无书连三日。

四日书倘来，当风烧拉杂；

摧烧扬其灰，四日书当来。”

在这样的心态下，钱钟书等到1939年暑假刚一来临就迫不及待回到了上海。当时，杨绛正在筹办振华分校，工作很忙。钱钟书回到家之后就收到了在湖南蓝田师范学院的父亲钱基博的书信，要求钱钟书到蓝田师范学院担任英文系主任。杨绛感觉西南联大的工作来之不易，不希望钱钟书轻易丢弃。再说，钱钟书在在西南联大工作还不满一年，就这样离开于情于理都不好。可是，钱基博依然坚持，杨绛的父亲也希望杨绛做个“孝顺媳妇”。如此一来，钱钟书离开昆明西南联大到湖南蓝田师范学院已成定局。杨绛在晚年曾经撰文这样回忆当时的情景：“钟书的母亲、弟弟、妹妹，连同叔父，都认为这是天大好事。”

到了9月中旬，钱钟书就给西南联大清华外语系叶公超主任写了一封信，说明自己的情况，可等了二十来天没有收到叶公超的回信。无奈之下，钱钟书只好在10月上旬踏上了去往蓝田师范学院的路程。可就在他刚刚动身之后，西南联大的电报就来了。杨绛在《我们仨》里这样描述当时的情景：

“钟书刚离开上海，我就接到清华大学的电报，问钟书为什么不回复梅校长的电报。可是我们并未收到过梅校长的电报呀。钟书这时正在路上，我只好把清华的电报转寄蓝田师院，也立即回复了一个电报给清华，说明并未收到梅电（我的回电现还存在清华的档案中）。他在路上走了三十四天之后，才收到我寄的信和转的电报。他对梅校长深深感激，不仅发一个电报，还来第二个电报问他何以不复。他自己无限抱愧，清华破格任用他，他却有始无终，任职不满一年就离开了。他实在是万不得已。偏偏他早走了一天，偏偏电报晚到一天。造化弄人，使他十分懊恼。”

从当时的情况分析，叶公超收到钱钟书的书信之后没有回复，随后将这件事向校方做了汇报。这一点在1939年9月21日的吴宓日记中可以得到证实："8点30分回舍，接公超片约，即至其宅，悉因钱钟书辞职别就，并商谈系中他事。"

了解到情况的梅贻琦给钱钟书回了电报，但钱钟书夫妇没有收到，说明这份电报遗失了。当时，西南联大教务长、杨绛的堂姐夫沈履发现钱钟书迟迟不回复梅贻琦的电报，就发电报责问，这封电报直接到了杨绛手里。杨绛了解情况后马上写信告诉钱钟书西南联大的实际情况，并将沈履的电报一起邮寄到湖南蓝田师范学院。钱钟书在12月5日写信给梅贻琦和沈履说明情况：

"月涵校长我师道察：

7月中匆匆返沪，不及告辞。疏简之罪，知无可逭。亦以当时自意假满重来，侍教有日，故衣物书籍均在昆明。岂料人事推排，竟成为德不卒之小人哉。9月杪屡欲上书，而念负母校庇荫之德，吾师及芝生师栽植之恩，背汗面热，羞于启齿。不图大度包容，仍以电致。此电寒家未收到，今日得妇书，附茀斋先生电，方知斯事。六张五角，弥增罪戾，转益悚惶。生此来有难言之隐，老父多病，远游不能归，思子之心形于楮墨，遂毅然入湘，以便明年侍奉返沪。否则熊鱼取舍，有识共知，断无去滇之理。尚望原心谅迹是幸。书不尽意。专肃即叩钧安。

门人钱钟书顿首上　12月5日"

钱钟书离开西南联大之后，吴宓因为西南联大没能留住钱钟书感觉非常可惜，为此他不断埋怨叶公超和陈福田。梅贻琦爱才心切，马上发电报挽留。由此可见，西南联大确是爱才，不计较私嫌、广纳人才，这种宽阔的胸襟的确令人敬佩。联大自由的机制和宽松的学术环境下，教授可以自由流动，这也让钱钟书“出走”有了“缘由”。钱钟书离开西南联大，大概不是发自内心，是尊父亲之命。另一方面，钱钟书年少气盛，恃才傲物，言语有点刻薄，话锋带讽刺，自然会得罪某些联大的同事、昔日清华园的老师，这也成为钱钟书离开昆明的原因之一。人生就是这样，有得有失。钱钟书去蓝田师范学院任教的经历，最终成为他创作《围城》的素材，让这部名著得以问世。

在蓝田师范学院

对于钱钟书离开西南联大去蓝田师范学院的事情，杨绛在《我们仨》里这样说：

"……他不过是听从严命。其实，'严命'的骨子里是'慈命'。爹爹是非常慈爱的父亲。他是传统家长，照例总摆出一副严父的架势训斥儿子。这回他已和儿子阔别三年，钟书虽曾由昆明赶回上海亲送爹爹上船，只匆匆见得几面。他该是想和儿子亲近一番，要把他留在身边。'侍奉'云云只是说说而已，因为他的学生兼助手吴忠匡一直侍奉着他。吴忠匡平时睡在老师后房，侍奉得很周到。爹爹不是没人侍奉。"

钱钟书感觉这次离开西南联大去蓝田师范学院的事情办的不好："不才此次之去滇，实为一有始无终之小人"。从中也可以看出，钱钟书在昆明西南联大待得并不顺畅，不然不会在这所当时集中了中国知识界精英的大学只工作了一年时间。

钱钟书从上海到蓝田师范学院走的时间比较长，而且非常辛苦。当时，抗日战争正打得难解难分，交通很不方便，以至于走了三十四天才到达蓝田师范学院。

根据杨绛的回忆，钱钟书只要和杨绛两地分居，就会非常勤快地给杨绛写信。因此，杨绛非常清楚钱钟书在蓝田师范学院的一些事。钱钟书来到蓝田师范学院之后，还真的开始在父亲面前尽孝了。杨绛在《我们仨》里这样描述：

“钟书到了蓝田，经常亲自为爹爹炖鸡，他在国外学会了这一手。有同事在我公公前夸他儿子孝顺。我公公说：‘这是口体之养，不是养志。’那位先生说：‘我倒宁愿口体之养。’可是爹爹总责怪儿子不能‘养志’。钟书写信把这话告诉我，想必是心上委屈。

……

他（钱基博）关心国事，却又天真得不识时务。他为国民党人办的刊物写文章，谈《孙子兵法》，指出蒋介石不懂兵法而毛泽东懂得孙子兵法，所以蒋介石敌不过毛泽东。他写好了文章，命吴忠匡挂号付邮。

吴忠匡觉得‘老夫子’的文章会闯祸，急忙找‘小夫子’商量。钟书不敢诤谏，诤谏只会激起反作用。他和吴忠匡就把文章里臧否人物的都删掉，仅留下兵法部分。文章照登了。爹爹发现文章删节得所余无几，不大高兴，可是他以为是编辑删的，也就没什么说的。”

从杨绛的回忆中可以看出，钱钟书来到蓝田师范学院后的确对父亲关心不少，包括从生活上和思想上。

蓝田师范学院坐落在湖南西部山区湘黔铁路上的一个非常偏僻的小镇上，当时属于安化县（今属涟源县）。在抗战烽火连天的岁月里，这里相对僻静一些。这座小镇西北方向大约一里路有一很大的庄园，原本是“筹安会六君子”之一李燮和在老家修筑的府宅。庄园占地大约一百亩左右，有两百多间房屋，并且错落有致，这也正是当时选址建校的重要原因之一。国民政府在这里设立了国立师范学院之后，吸引了不少知识分子来这里执教和学习。当时的西南联大和蓝田师范学院都集中了不少的“海归派”知识分子，这些人的文凭大多是硕士或者博士，而钱钟书只是学士。要知道，大学里文凭是定职位的凭证。这样一来，颇有学识的钱钟书想做教授困难很大，心理上肯定会有反应。在蓝田师范学院，钱钟书和父亲钱基博都是系主任，成为了英语系和国文系里职位最高但学位最低的老师，可他们父子二人在学院的威望非常高。

钱钟书当时还不到三十岁，在蓝田师范学院穿着比较讲究，风度翩翩。博学多才的他讲课风趣幽默，深得学生们的喜欢。

在蓝田师范学院期间，钱钟书的住处是一间小屋，生活也非常单调刻板。学生不多，教学任务和其他事务都不繁重。除了完成教学的任务之外，钱钟书课余时间几乎都是关在小屋里读书、临摹书法或写作，很少出门，当然这里也没有可供游览的地方，所以他在给亲朋好友信上这样说：“此地生活尚好，只是冗闲。”夜晚这里没有电灯，对于刚从欧洲回国的钱钟书来说需要适应的过程。刚建学院时，师生都采用灯心草蘸桐油盏照明，后来改用植物油灯稍好一些。著名的《谈艺录》的一部分和《窗》等几篇散文就是在里创作完成的。

当时，蓝田师范学院不惜重金买了一批书籍，钱钟书就抓住这个时机苦苦攻读。根据钱基博的学生当时钱基博的助手后来担任著名将领王耀武秘书的著名历史学者吴忠匡在《记钱钟书先生》中回忆，他和钱钟书经常熬夜读书。到了冬天，天气比较冷，屋内都用木炭火盆取暖。二人看书到了半夜后，肚子饿了，就用废纸包裹一个生鸡蛋，然后用水浸泡后放进炭火中。待会儿鸡蛋熟了之后，二人取出来一人一半做宵夜吃，非常高兴。

钱钟书在蓝田师范学院看不起那些所谓的教授。这一点可以从这样一件事里看出来。有一天，蓝田师范学院聘请两名美国籍博士来教授英语，可事先没有向时任英语系主任钱钟书说明情况，所以遭到了钱钟书的回绝。校长廖世承就辩解说这两个人都是博士，可钱钟书不以为然，结果就把两个美国籍博士请来问话。钱钟书毫不客气问了两名博士很多问题，让他们瞠目结舌。钱钟书就对校长说："就这样的水平，在蓝田师范学院做我的学生还凑合，做教授就算了吧。"廖世承感觉非常尴尬，可无可奈何。

吴忠匡在《记钱钟书先生》里这样回忆，钱钟书在蓝田师院时，将图书馆的大部头的丛书诸如《四部丛刊》《四部备要》《丛书集成》《古今图书集成》等等都认真读过。有人拿书找其中的一些问题考问，钱钟书都能准确无误地回答上来，此举让所有人都钦佩有加。

蓝田师院座落在湘西山区，生活相比大都市来说是非常枯燥单调。当时，国内时局变化多端，战火四起，蓝田师院的老师们闲来无事就时常调侃时事。尤其到了每天晚饭之后，老师们都要聚在一起议论国内国际的时局，而此时钱钟书都是口若悬河一般激情地评论。当时的人们都喜欢手提一根"司帝克"手杖，不分岁数大小，拿着手杖显得非常时尚。钱钟书有一次拿着"司帝克"和同事们一起到一位老师房间里闲聊时局，讲到激情之处忍不住手舞足蹈。当人们都散去之后，主人家这才发现自己的蚊帐被钱钟书捅了了几个窟窿，如此一来蚊帐就报废了。主人非常心疼，就抽机会找钱钟书商议赔偿的事情，钱钟书一听马上咧嘴一笑就"逃跑"了。

当初，钱基博让儿子钱钟书放弃西南联大的教授职位来蓝田师范学院，约定的时间是一年之后返回上海。钱钟书不能确定父亲是否能遵守诺言。这一点可以在钱钟书 1938 年 11 月给清华大学秘书长沈履的信里可以得到证实。那封信里有这样一句话：“不知一年后可还我自由否？” 等到了 1939 年暑假，钱钟书询问父亲回上海的事情，钱基博改变初衷说不想回去。无奈之下，钱钟书就约了一个同伴一起踏上了回上海的路程。想不到的是，他们走在半程遇到了阻力，估计是遇到了战场，钱钟书被迫返回了蓝田师范学院。

困居上海搞创作

1941年暑假，钱钟书终于回到上海，见到了想念已久的妻儿。时隔两年，女儿已经不认识他了。在《我们仨》里，杨绛非常风趣地记录下了当时父女相认的过程：

“钟书面目黧黑，头发也太长了，穿一件夏布长衫，式样很土，布也很粗。他从船上为女儿带回一只外国橘子。圆圆见过了爸爸，很好奇地站在一边观看。她接过橘子，就转交妈妈，只注目看着这个陌生人。两年不见，她好像已经不认识了。她看见爸爸带回的行李放在妈妈床边，很不放心，猜疑地监视着，晚饭后，圆圆对爸爸发话了。

‘这是我的妈妈，你的妈妈在那边。’她要赶爸爸走。

钟书很窝囊地笑说：‘我倒问问你，是我先认识你妈妈，还是你先认识？’

‘自然我先认识，我一生出来就认识，你是长大了认识的。’这是圆圆的原话，我只把无锡话改为国语。我当时非常惊奇，所以把她的话一字字记住了。

钟书悄悄地在她耳边说了一句话。圆圆立即感化了似的和爸爸非常友好，妈妈都退居第二了……”

之前，当钱钟书还在蓝田师范学院时，清华大学的吴宓教授就给钱钟书来信，告诉他清华大学已经决定重新聘任钱钟书做教授。因此，钱钟书这次回上海，只准备过暑假，之后再回昆明西南联大工作。

当时，清华大学英语系主任是陈福田，是一位归国华侨，对国文不很精通。陈福田之前和钱钟书在清华英语系做过同事，当时二人没有交往。

暑假即将过去时，清华大学给钱钟书做教授的聘书还没发过来，钱钟书和杨绛从中都似乎感觉到了什么。开学在即，钱钟书面临失业的危险。无奈之下，钱钟书就联系当年清华大学的同学时任暨南大学英文系主任陈麟瑞，准备去暨南大学任教。陈麟瑞对当时暨南大学英语教授后来成为著名翻译家中国莎士比亚戏剧翻译专家的孙大雨有成见，就准备让钱钟书来顶替孙大雨。但是，钱钟书不愿意夺走别人的饭碗，就谢绝了。后来，杨绛的父亲给钱钟书介绍了震旦女校的教师职位。

钱钟书一家人居住在上海市辣斐德路，是钱钟书叔父钱基厚租住的沈氏的房子。当初，抗战的烽火烧到淞沪无锡一带时，钱基厚因为参加抗日活动遭到日伪军的通缉。无奈之下，钱基厚带领一家二十来口避难到无锡乡下，随后在 1938 年 4 月来到上海（当时，钱钟书的父亲钱基博随学校迁到了江西）。后来，钱基厚的几个儿子来到了上海，钱家人口增多，在朋友介绍下就租住了辣斐德路 609 号（现上海复兴中路 573 号）的沈氏宅院。

这处宅院临街，是一所三层楼弄堂，后面有一大片同式样的楼房，一家人可以从弄堂进出。钱钟书刚从蓝田回到上海，钱家人口又有所添加。当时，钱钟书父母居住的二楼大房间和亭子间都住着人，周围合适的房子又租不到。钱基厚就把家里原来在楼下客堂搭铺歇宿的两个女佣搬到三楼的过道里住，然后将临街窗下待客用的一对沙发和一张茶几挪开，放一张大床，挂上窗帘，钱钟书一家三口就此居住。后来，钱钟书的二弟一家人去了武昌，妹妹去蓝田师范学院找父亲钱基博去了，三弟一家人搬回了无锡，原来拥挤的一大家子人只剩下钱钟书的母亲和他们一家三口。

1941 年 10 月，姗姗来迟的清华大学英语系主任陈福田终于出现在上海。杨绛在《我们仨》里这样描述当时的情景：

“10 月左右，陈福田先生有事来上海。他以清华大学外文系主任的身份，亲来聘请钱钟书回校。清华既决定聘钱钟书回校，聘书早该寄出了。迟迟不发，显然是不欢迎他。既然不受欢迎，何苦挨上去自讨没趣呢？钟书这一辈子受到的排挤不算少，他从不和对方争执，总乖乖地退让。他客客气气地辞谢了聘请，陈福田完成任务就走了，他们没谈几句话。”

珍珠港事变爆发之后，国内时局更加紧张。日本人加紧搜刮占领区的民众，上海物价飞涨，民众人心惶惶。日本宪兵加强了对占领区的统治，四处搜捕杀害反日志士。钱钟书一家的住处临靠大街，日本军车的警笛声时常传进家里，让一家人胆战心惊。1945 年 4 月的一天上午，钱钟书去学校上课了，杨绛在整理家务。这时，有人在敲门。杨绛打开门一看，一个日本人和一个朝鲜人站在门口。此时，杨绛忽然想起来，钱钟书的《谈艺录》手稿就放在亭子间里。这部手稿如果落在日本人手里，结果很难预料。想到这里，杨绛赶忙招呼客人进来坐，随后抽机会将《谈艺录》手稿藏了起来。日本人进来问一下情况，手里的小本子上写着杨绛的名字。看到这种情况，一家人都慌神了。后来经过细问，日本人要搜查一个姓钱的人。杨绛第二天专门到日本宪兵司令部，这才搞清楚日军要找的是另外一个人。一家人这才放下心来，钱钟书的《谈艺录》手稿才得以保存。

钱钟书来到震旦女子文理学院之后，学校给钱钟书增加了课程和收入。除此之外，不断有朋友慕名给钱钟书介绍学生，让钱钟书专门辅导，这在一定程度上增加了收入。有一年夏天，钱钟书的一名学生就特地托人给钱钟书家送来一担西瓜，家里的亲戚都“沾了光”，此举让女儿圆圆为钱钟书感到了非同一般的自豪。

杨绛来到一所小学做代课教师。这样一来，一家人的生活基本上还能过得去。相比夫妻两地分居的生活，如今一家人却能在一起同甘共苦了。

钱钟书在做教师的同时还在继续写作。1941 年 2 月，钱钟书将之前写的十篇散文收集到一起，起名字《写在人生边上》，随后在 1941 年 12 月由上海开明书店出版。这本书收录的散文语言风趣幽默，蕴含的见解非常独到且富有哲理，所以出版之后很受读者欢迎。1944 年，上海开明书店应读者要求再版，列入“开明文学新刊”，足见钱钟书的文学水平。

这段时期，钱钟书还创作了一本短篇小说集《人·兽·鬼》。这部小说集收录了钱钟书困居上海后创作的《上帝的梦》《猫》《灵感》和《纪念》四篇小说。《上帝的梦》和《灵感》内容都含义深刻且具有神话色彩。其中《上帝的梦》描写的是上帝首先创造人而后又出于某种原因想加害人类，可人类具备坚定的意志，坚决不臣服于上帝，最终让上帝感觉到了人类的伟大。《灵感》描写一位拙劣作家搞文学创作，结果把作品中的人物形象写得非常不好，那些人物就到阴间阎罗殿控告，最终阎罗审判了那位作家。小说《猫》以一只黑猫为主线描写了一些性格各异且发人深省的人物，是钱钟书文学创作提高到更高境界的标志。钱钟书的作品《纪念》描写了为抗战捐躯的英雄和表嫂的私人情感，曾经一度被人曲解。

可能是因为生活的原因，这段时间钱钟书夫妇都在积极搞文学创作。杨绛担任代课教师的同时，业余时间开始编写话剧《称心如意》。这部话剧写得很好，后来就公演了，杨绛从此就有了名气。1944 年的一天，钱钟书和杨绛一起去看话剧《称心如意》。回到家之后，钱钟书忽然对杨绛说：“我想写一部长篇小说。”杨绛听了之后非常高兴，就催促他赶紧动笔。可是，当时钱钟书的《谈艺录》还没有完成，正在修订过程中。杨绛担心钱钟书没有时间再搞文学创作，就多方给予钱钟书时间。在教学方面，杨绛想办法减少钱钟书授课时间；女佣提出要回家，杨绛马上负担起了所有的家务。如此一来，钱钟书得以集中精力写作。

根据杨绛的回忆，当时，钱钟书每天都会将本日撰写的稿子给杨绛阅读，随后观察杨绛的表情反应。杨绛的反应直接影响钱钟书的反应。有时候，夫妻二人相对大笑，彼此都不用说明内心的想法。钱钟书有时候还和杨绛说明自己下一步准备写什么情节，而杨绛就等着看钱钟书下一步如何创作。一般情况下，钱钟书平均每天写五百字左右，让杨绛看的都是修订后的稿子。从 1944 年到 1946 年，钱钟书花费两年时间完成了《围城》的创作。

《围城》是钱钟书一生中创作的唯一的一部长篇小说。这部小说出版之后带来巨大的反响，给他们一家人的生活带来了变化。杨绛在《我们仨》里这样描述当时的情景："……《围城》出版后，朋友中又增添了《围城》爱好者。我们的交游面扩大了，社交活动也很频繁。"

抗日战争胜利后的一段时间里，钱钟书辞去震旦女子文理学院的课程，然后到南京中央图书馆去任职。后来，钱钟书还兼任暨南大学外文系教授和英国文化委员会顾问职务，并很快走近了时任国民政府政务院委员、教育部部长朱家骅的视线。当初，钱钟书参加庚子赔款留学英国考试时，朱家骅是主考官。钱钟书的学识给朱家骅留下了很深的印象。所以，朱家骅了解钱钟书的近况之后，就时常邀请钱钟书到家里吃便饭，期间还准备让钱钟书到联合国教科文组织去任职，不重视名利的钱钟书拒绝了。杨绛感觉很奇怪，她在《我们仨》里这样回忆这段时间的情景：

"……我问钟书：'联合国的职位为什么不要？'他说：'那是胡萝卜！'当时我不懂'胡萝卜'与'大棒'相连。压根儿不吃'胡萝卜'，就不受大棒驱使。

钟书每月要到南京汇报工作，早车去，晚上老晚回家。一次他老早就回来了，我喜出望外。他说：'今天晚宴，要和"极峰"（蒋介石）握手，我趁早溜回来了。"

这就是钱钟书，从不看重名利的钱钟书。

如此繁忙的工作状态，钱钟书依然痴迷读书。他给自己和杨绛的家起名字"借痴斋"，还专门给自己的藏书刻了一枚"借痴斋藏书"的印章。当时，钱钟书的小家庭并不富裕，但依然收藏了很多书籍：

"钟书的第一个拜门弟子常请老师为他买书。不论什么书，全由老师选择。其实，这是无限止地供老师肆意买书。书上都有钟书写的'借痴斋藏书'并盖有'借痴斋'图章；因为学生并不读，专供老师借阅的，不是‘借痴’吗！钟书蛰居上海期间，买书是他的莫大享受。新书、旧书他买了不少。‘文化大革命’中书籍流散，曾有人买到‘借痴斋’的书，寄还给钟书，也许上海旧书摊上，还会发现‘借痴斋藏书’。藏书中，也包括写苏联铁幕后面的书。我们的阅读面很广。所以‘人心惶惶’时，我们并不惶惶然。”

抗日战争胜利后的几年里，国内政治风云变化莫测，后来大局渐渐明朗。中国共产党领导的人民解放军很快逼近了长江流域，大上海即将迎来新的巨大变化。这段时间，国内的许多文人学者都在“去留”的问题上思索徘徊。在上海的钱钟书和杨绛怎么考虑这些问题呢？

当时，国民党方面向钱钟书夫妇伸出了“橄榄枝”。国民政府教育部长杭立武邀请钱钟书去台湾大学任教，邀请杨绛到台湾师范大学任教，还允诺给他们夫妇调车皮运送行李。另外，香港大学、牛津大学都向钱钟书夫妇发出了邀请。但是，钱钟书夫妇并不想走。

“郑振铎先生、吴晗同志，都曾劝我们安心等待解放，共产党是重视知识分子的。但我们也明白，对国家有用的是科学家，我们却是没用的知识分子。

我们如要逃跑，不是无路可走。可是一个人在紧要关头，决定他何去何从的，也许总是他最基本的感情。我们从来不唱爱国调。非但不唱，还不爱听。但我们不愿逃跑，只是不愿去父母之邦，撇不开自家人。我国是国耻重重的弱国，跑出去仰人鼻息，做二等公民，我们不愿意。我们是文化人，爱祖国的文化，爱祖国的文学，爱祖国的语言。一句话，我们是倔强的中国老百姓，不愿做外国人。我们并不敢为自己乐观，可是我们安静地留在上海，等待解放。”

1949 年上海解放后，钱基厚让钱钟书三弟媳带领子女来到上海，也住在辣斐德路。这时候，钱家的人口再次“暴涨”，一大家子人挤住在一起太不方便。巧合的是，钱钟书夫妇的至交著名作家、翻译家傅雷的朋友在蒲石路蒲园有一处空房，钱钟书一家三口就搬了过去。钱钟书后来还给那所房子起名字“且住楼”。没多长时间，钱钟书夫妇就收到了北京清华大学的聘书。8 月 24 日，钱钟书一家三口动身赴北京。

《谈艺录》

明朝“江南四大才子”之一的徐祯卿曾经写过一本古诗理论著作《谈艺录》。这部著作重点阐述的是当时的文化复古运动，倡导“文必秦汉，诗必盛唐”，主张“因情立格”的文艺美学观点。著作中所选诗歌格调非常高雅脱俗，文章的见解也很精辟，在明朝乃至中国古代诗文评论中都有一定的地位。

钱钟书创作《谈艺录》经过了长时间的积累。之前介绍过，钱钟书阅读中国传统古典书籍做过很多笔记，本身就是《谈艺录》的前奏。早在清华大学时期，钱钟书就在中国传统古典书籍中细细研究，后来历经光华大学、牛津大学和巴黎大学的积累，奠定了《谈艺录》雏形资源。1938 年的归国途中，钱钟书夫妇在法国马赛的轮船上遇到青年友人后来成为著名俄文翻译家、民国著名大儒冒鹤亭的三儿子冒效鲁。钱钟书和冒效鲁一见如故，后来成为至交。期间，钱钟书提到了冒效鲁父亲冒鹤亭撰写的《后山诗天社注补笺》，就询问这本书怎么没有直接做补注。冒效鲁说困难太大。钱钟书当时就萌发了要撰写《谈艺录》

的想法。

钱钟书在其《谈艺录》里开篇就提到了和冒效鲁在马赛的这次相遇：

“余雅喜谈艺，与并世才彦之有同好者，稍得上下其议论。二十八年夏，自滇归沪渎小住。友人冒景璠（冒效鲁），吾党言诗有癖者也，督余撰诗话。曰：‘咳唾随风抛掷可惜也。’余颇技痒。因思年来论诗文专篇，既多刊布，将汇成一集。”

1939 年，钱钟书在蓝田师范学院任教时，就开始酝酿创作一部关于类似于徐祯卿《谈艺录》的著作，后来回到上海还撰写了长篇小说《围城》，因此，《谈艺录》一直到 1948 年才得以完成。反复思考之后，钱钟书直接将“谈艺录”作为自己著作的名称，还在卷首“前记”中说了一句著名的话：“因迳攘徐祯卿书名不加标别，非不加也，无可加者。”

《谈艺录》在 1942 年成稿后并没有出版。钱钟书一边让亲朋好友传阅，另外抽时间修订，期间还要搞《围城》的创作，让钱钟书非常繁忙，以至于在三十五岁生日（钱钟书在 1910 年出生）时发出了“书癖钻窗蜂未出，诗情绕树鹊难安”的感叹。

钱钟书的《谈艺录》于 1948 年 6 月在上海开明书店出版后，很快引起了学术界的关注。这部著作以传统的律诗创作为主要内容，涉及美学、修辞、艺术论诸多门类，其中也阐述了钱钟书对比较文学的研究观点。在创作着眼点上，钱钟书放在宋元明清，比较接近于现代，而不同于徐祯卿《谈艺录》的汉魏古代。对于唐朝之前的诗人，钱钟书只关注了陶渊明和庾信，唐朝的诗人论述比较多是有韩愈、孟郊、李贺和李商隐等著名诗人。钱钟书把关注的重点放在宋朝，包括欧阳修、苏东坡、王安石、黄庭坚、陈师道、陆游和杨万里等。如此一来，钱钟书无意之中就加深了对宋朝诗歌的研究，对后来撰写《宋诗选注》起到了铺垫作用。除此之外，钱钟在《谈艺录》还对明清以来的一些诗人做了论述。

在《谈艺录·序》里，钱钟书这样写：

“凡所考论，颇采‘二西’之书，以供三隅之反，盖取资异国，岂徒色乐器用，流布四方，可征气泽芳臭。故李斯上书，有逐客之谏：郑君序谱，曰‘旁行以观’。东海西海，心理攸同：南学北学，道术未裂。虽宣尼书不过拔提河，每同《七音略序》所慨：而西来意即名‘东土法’，堪譬《借根方说》之言。非作调人，稍通骑驿。”

钱钟书的这几句话表明了撰写这本学术专著的目的。他要融合中西文化和诗学，以此探求世界上诗歌的“诗眼”。钱钟书这种力求从中西方诗歌的“共性”中搜寻诗歌理论，突破“中体西用”的文化模式，是中国文化理论的一种独创。

钱钟书的《谈艺录》从文字与大自然、语言和韵律、情趣、如何在山水中表现情感等几个角度来阐述律诗的文艺理论，对涉及的各位诗人及其诗作都做了评价和剖析。其中，钱钟书评论最多的是唐朝诗人李贺，足见钱钟书对李贺的重视程度。钱钟书通过当时的社会环境以及李贺当时的心境，再将李贺诗作和其他诗人的作品相比较，让读者领会李贺诗作。在《谈艺录·作家作品论·第十一节李贺诗的朴健疏爽》里，钱钟书这样评价李贺的诗歌作品：

“这一则讲李贺诗也有朴健疏爽等作品……再像《开愁歌》：‘秋风吹地百草干，华容碧影生晚寒。我当二十不得意，一心愁谢如枯兰。衣如飞鹑马如狗，临歧击剑生铜吼。旗亭（酒楼）下马解秋衣，请贳（赊）宜阳一壶酒。壶中唤天云不开，白昼万里闲凄迷。主人劝我养心骨，莫受俗物相填豗灰，填塞）。’这首诗的意义比较明白。再像《昼苦短》要使太阳停下来不运行，有奇思幻想，用意也比较明白，几乎合李白、卢仝为一手。李白、卢仝的诗也有奇思幻想的。再像《相劝酒》：‘羲和骋六辔，昼夕不曾闲。弹乌崦嵫竹，抶马蟠桃鞭。蓐收既断翠柳，青帝又造红兰。尧舜至今万万岁，数子将为倾盖间。青钱白璧买无端，丈夫快意方为欢……’这首诗说，羲和神驾着马车载着太阳奔跑，昼夜不停。太阳中有三足乌，想用崦嵫山上的竹做弹弓，来弹射太阳中的三足乌。用蟠桃鞭来鞭打拉着太阳跑的马。这是想叫太阳停下来，时光不消逝。但这办不到，秋神蓐收既折断翠柳，春神青帝又造出红兰，说明春秋四季还在推移。从尧舜到现在经历了千万年，从羲和、秋神、春神，到尧、舜，时间过得快像一会儿就过去。用青钱白璧买不回过去的时光，丈夫求快意只有为欢作乐。这首诗的用意跟李白相似，如李白的《将进酒》……李白这首诗讲时光飞逝，应及时行乐，李贺诗的命意与李白相同，但李白诗写得飘逸，李贺诗写得突兀，风格不同……”

从上面的文字中可以看出，钱钟书的论述对古代书籍引用的很多，这样一来就增加了读者对其内容理解的难度，后来有人专门为这本书加了批注，以此帮助读者理解。

在《谈艺录》里，钱钟书还专门对中国文化史上的八股文做了点评，从不同的角度对这种对中国文化产生巨大影响的文体的来龙去脉做了分析。八股文被废止以后，一般的学者提及八股文都是痛骂，但是，钱钟书从哲学一分为二的角度对八股文做了非常客观的科学评定。首先，钱钟书肯定了八股文中蕴含的文学艺术魅力，随后又对八股文的功利性以及负面影响做了批评。因此，钱钟书对八股文的评价是全方位的，是被大多数人接受的。

钱钟书的《谈艺录》是一部诗话，是历史的超越。钱钟书坚持自己的审美法则，突破流俗和时尚的雾霾，客观真实地对诗歌以及其他文学作品做了鉴赏。著名钱学专家陆文虎在《当代文坛》发表《钱钟书〈谈艺录〉的文论思想》，对钱钟书的这部诗话给予了高度评价：

“我以为，《谈艺录》当是传统诗话的最后一种。它在运用传统方法的同时，融入西方分析与综合的方法并简择多种历史新知，映发吾国诗学，从而达到了诗话所能成就的顶峰，造成了这一文体的终结。我们可以这样说：《谈艺录》出而诗话亡。其后当然自有作者，然淡之总觉有一间未达……”

这段话表明钱钟书的《谈艺录》达到了一个难以超越的高度。无外乎有人这样评价这本书：只有了解了《谈艺录》，才能了解钱钟书。

1984年，钱钟书出版《谈艺录（补订本）》，对之前的《谈艺录》做了完善和修订，让这部诗文鉴赏书籍更加完美。

《围城》

《围城》是钱钟书一生中创作的唯一的一部长篇小说，1947年由上海开明书店出版发行。作品以钱钟书本人在西南联大和蓝田师范学院的经历为主要背景，以幽默讽刺的独特风格，描写了抗战初期知识分子的生活状态，剖析了当时背景下知识分子性格道德上的缺点，揭露了他们的精神困境，被称为“新儒林外史”。

杨绛回忆说，《围城》的主人公方鸿渐是从两个亲戚取材的。这两个亲戚都没有方鸿渐的类似经历，但在性格方面都有方鸿渐的某些“影子”：一个空有志气没有才能还时常发牢骚，一个性格狂妄喜欢自吹自擂。钱钟书在创作中，是通过方鸿渐观察了解社会和世界，内心的感受也同样寄托在方鸿渐身上。如此一来，不少读者总认为主人公方鸿渐就是作者钱钟书本人。这一点，杨绛在《钱钟书写〈围城〉》中说过一段意义深刻的说明：

“高明的读者承认作者不能和书中人物等同，不过他们说，作者创作的人物和故事，离不开他个人的经验和思想感情。这话当然很对。

可是我曾在一篇文章里指出：创作的一个重要成分是想象，经验好比黑暗里点上的火，想象是这个火所发的光；没有火就没有光，但光照所及，远远超过火点儿的大小。创造的故事往往从多方面超越作者本人的经验。要从创造的故事里返求作者的经验是颠倒的。作者的思想情感经过创造，就好比发过酵而酿成了酒；从酒里辨认酿酒的原料，也不容易。我有机缘知道作者的经历，也知道酿成的酒是什么原料，很愿意让读者看看真人实事和虚构的人物情节有多少联系，而且是怎样的联系。”

钱钟书在 1939 年辞去昆明西南联大的教授职务而去了湖南蓝田师范学院，这段从上海到湘西的旅途过程经过钱钟书文艺加工后写进了《围城》小说中。当时，钱钟书和几名同伴在 1939 年 10 月从上海乘船到宁波，然后向湘西艰难行进。《围城》中的主人公方鸿渐也是和同伴出发，然后向三闾大学进发。并且，在小说中的描写和现实中作为钱钟书伙伴之一的著名外文专家、复旦大学外文教授徐燕谋的日记中有非常相似的地方。

《围城》小说中，描写到了宁波后的情景：

“那天的路程是从宁波到溪口，先坐船，然后换坐洋车。他们上了船，天就微雨。时而一点两点，像不是头顶这方天下的，到定睛细看，又没有了。一会儿，雨点密起来，可是还不像下雨，只仿佛许多小水珠在半空里顽皮，滚着跳着，顽皮得够了，然后趁势落地。”

当时，和钱钟书一路同行的徐燕谋教授在《纪湘行》曾经这样描写到宁波的情景：

“短短溪口道，狼狈不可说。孟冬潦水尽，齿齿乱滩出。怪石伺水底，犬牙竞凹凸。篙师蛙曝肚，尺丈嗟力竭。纤者虫爬沙，首俯仅见 。两岸有好山，云气幻奇谲。惜我环抱恶，过眼吝一瞥。江口换薄笨，如囚脱梏桎。不意风雨来，驰骤万马疾。”

从这些文字中不难看出，钱钟书是将此行作为了《围城》小说的素材。

《围城》的主人公方鸿渐的求学道路与作者钱钟书非常“谋和”。方鸿渐也来到欧洲去留学，学习课程包括文学和哲学。他和钱钟书一样，并没有得到“引人注目”的文凭，最后只得乘坐法国邮船返回国内。可是，方鸿渐没有文凭无法谋生，最后被迫去湘西三闾大学去教书。这一点，同样可以在钱钟书身上找到影子。因此，正如杨绛说的那样，《围城》的主人公方鸿渐和作者钱钟书有相似之处，但钱钟书本人是“粮”，方鸿渐是“酒”。

《围城》是一部具有喜剧色彩的小说，构思属于多层面的。首先，《围城》具有自传性，作者钱钟书和小说主人公方鸿渐都是知识分子家庭出身，都是在20世纪30年代去牛津和巴黎留学，都远离了中国的抗战烽火，都深受西方文化的影响。不过作品中的知识分子都缺乏和传统思想作斗争的勇气，难以在社会的激流中主导自己的生活。《围城》的另一个层面是给读者再现历史。在这部小说中，钱钟书谈及战争、描写战斗场面的文字几乎没有，更没有对游击队和日本人的冲突的描写，但《围城》里似乎到处都充满了战争。比如，主人公方鸿渐和四位伙伴通过各种交通方式长途跋涉几星期后抵达三间大学的过程，尽管没有提及战争，但其间无不让读者感受到战争给人们的生活带来的影响。

《围城》在语言风格上独树一帜，可以说是妙语连珠，幽默风趣。钱钟书善于比喻，在《围城》中应用得更是淋漓尽致。首先，他在写景写事物的形象比喻，令读者读后心情愉快；其次，他善于用具体的物象来比喻抽象的思维和感觉，让读者读后感觉新奇无比。另外，钱钟书在《围城》中还善于利用喻体和本体在价值等级上的强烈反差逻辑，既达到了讽刺的效果，又让作品显得幽默。

在思想上，《围城》开创了文艺作品中中国传统文化和西方文化的冲突、碰撞和融合，这也是《围城》这部作品的着力点。这部作品描写的时代是抗战开始后的几年，也是中国遭受外国侵略最为严重的时期。作品反映的社会现实让读者深深地感受到，祖国是在外国列强、帝国主义的坚船利炮打击下开始融入世界的，进而开始了中国传统文化与西方文化的激烈碰撞交汇。这种中西方文化交融的形式主要体现在中国到西方国家留学的学生身上，通过他们思想的变化被体现出来，也正是在这种中西方文化融合下，中国的传统文化开始走向世界。钱钟书通过三个角度展现中国传统文化和西方文化的碰撞交融：第一，以现代文化的观点来审视中国传统文化。这一点在《围城》最为明显的就是方鸿渐的父亲推荐线装书说："中国人品性方正所以说地是方的，洋人品性圆滑，所以主张地是圆的。"第二，《围城》通过嘲讽对西方文化的死搬硬套来展示中西方文化交汇形式："活像那第一套中国裁缝仿制的西装，把做样子的外国人旧衣服上两方补丁，照式在衣袖和裤子上做了。"第三，探究国人在对西方文化的吸收中的荒诞现象，这一点通过方鸿渐在家乡中学演讲时的几句话表现了出来："海通几百年来，只有两件西洋东西在整个中国社会里长存不灭。一件是鸦片，一件是梅毒，都是明朝所吸收的西洋文明。"

《围城》中还讽刺和剖析了人性观。这一点在小说中最为明显的莫过于主人公方鸿渐在西方留学弄了一个假博士文凭，非常明显地讽刺了人性的虚荣和对周围环境的无奈。诸如此类的情节还有李梅亭偷吃烤地瓜、陆子潇拿着国防部及外交部信封糊弄人等等，读者看了这样的情节都会感叹：这些人的做法尽管都在自欺欺人，可有时候自己也会这样做。

钱钟书将《围城》作为这部作品的名字，是用一个比喻的手法来表现人类社会生活的“围城困境”，在不断的“求索”中如何应对成功和难以满足的“欲望”之间的矛盾，最终让读者产生一种“围城之后，城外的人难以走进来，而城内的人难以走出去”的人生哲理，反映了人类生活在希望和失望、愉快和苦痛的交织过程，进而形成一种孤独和荒诞的景象。在小说的末尾，主人公方鸿渐在历经教育、事业、家庭的一系列失败之后，最终发出了这样的感叹：拥挤下的孤寂，热闹中的凄凉，使他像许多住在这孤岛上的人，心灵也仿佛像一个孤岛。

钱钟书从“围城”的角度向读者展示人生追求的结果很可能是一种虚妄，给读者一种悲观失望的感觉，但细细思索作品反映的问题，又似乎在告诉读者人类追求的严肃和认真。正如钱钟书的人生一样，他毕生追求的终极理想和目标，好像就是一种虚妄。杨绛曾经说，《围城》不是钱钟书的自传，但主人公身上能够看到他的身影，是钱钟书通过《围城》这部小说告诉人们：追求与希望的无止境而义无反顾，不再堕入虚无。

《围城》出版后好评如潮，著名文学评论家贾志清曾经这样评论《围城》：“中国近代文学中最有趣、最用心经营的小说，可能是最伟大的一部。”1990年以来，多家影视公司将《围城》改编为电视连续剧，成为“钱学”最为著名的研究书目之一。

第五章 英姿勃发正当年

回到清华大学

1949年，身在上海的钱钟书夫妇在思想上经历艰难的斗争后，最终他们选择留在中国。杨绛在《我们仨》里这样描述当时的心境：

“……不过我们夫妇始终是‘旧社会过来的知识分子’。我们也一贯是安分守己、奉公守法的良民。”

从这句话可以看出钱钟书夫妇当时复杂的心情。尽管当时有郑振铎、吴晗等共产党友人的挽留，但依然对即将到来的新社会充满疑虑。

1949年夏天，北京清华大学再次向钱钟书夫妇发出聘书。8月24日，钱钟书夫妇带着女儿登上开往北京的列车，离开了上海。这次迁移，钱钟书夫妇丢失了不少东西。其中有钱钟书的另一部长篇小说《百合心》的手稿。根据杨绛的回忆，那部未完成的手稿大约两万字，是钱钟书的心血，因为一时仓促，后来到北京后再也没有找到。另外，还有杨绛的父亲杨老先生给女儿的陪嫁——几份名贵碑帖和文徽明的大幅条幅——都放在一个广漆皮箱里。后来得知，这些东西都让钱基博老先生无偿捐献给国家了。

这次北上，时任中共华东局统战部秘书长、上海市委统战部第一副部长、著名作家周而复为钱钟书一家提供了四张软卧车票（包括钱钟书家的保姆）。当时，钱钟书的女儿圆圆特地抱着自己的洋娃娃，洋娃娃肚子里珍藏着几两黄金——那是钱钟书一家人的积蓄，所以圆圆寸步不离洋娃娃。

1949 年 8 月 26 日，钱钟书一家抵达北京清华大学。钱钟书在 1933 年夏天在北京清华大学毕业，而今以教授的身份回到阔别十几年的母校。刚来的时候，钱钟书一家三口居住在杨绛堂姐杨保康家里，在新林院 7 号。后来，清华大学甲级住宅分配委员会为了解决教职工住房紧张问题，就出台了“分隔与调整”的办法，将居住在甲级住宅且人口比较少的房子进行分隔。这样一来，一套房子就可以变成两套，让两家居住。钱钟书一家就分到了新林院 7 号乙的房子，先行临时搬到工字厅西头的客房里，然后等待校方派人来打隔断。这个西客厅很长时间没有人居住，非常破旧，里面的老鼠还不少。钱钟书一家人在里面熬过了冬天，房子的隔断终于打好，这才搬回了新林院。此时，钱钟书和杨绛依然没有打算在这里长期居住的意思，所以并没有购买过多的家具。除了睡觉必须要使用的床、衣橱之外，其他都非常简单。桌子是杨绛堂姐杨保康家里的旧桌子，没有凳子，平时就坐在箱子上，家里的布局显得非常简陋。

钱钟书一家在新林院居住的这段时期，周围的邻居有很多大知识分子，诸如著名社会学家、优生学家潘光旦，著名的物理学家霍秉权等。不过，在钱钟书夫妇心中留下深刻印象的则是著名的建筑学家梁思成、林徽因夫妇。当时，他们两家是邻居，钱钟书养了一只非常“聪明又灵性”的猫，并且看待这只猫非常在心，而此时林徽因女士也养了一只“宝贝猫”。如此一来，两位“爱猫如命”的人免不了为各自的宠物发生“冲突”，让杨绛为此操了不少心，担心因此伤及双方的友情。杨绛在《记钱钟书与〈围城〉》这样风趣地回忆了当时的情景：

“解放后，我们在清华养过一只很聪明的猫。小猫初次上树，不敢下来，钟书设法把它救下。小猫下来后，用爪子轻轻软软地在钟书腕上一搭，表示感谢。我们常爱引用西方谚语：‘地狱里尽是不知感激的人。’小猫知感，钟书说它有灵性，特别宝贝。猫儿长大了，半夜和别的猫儿打架。钟书特备长竹竿一枝，倚在门口，不管多冷的天，听见猫儿叫闹，就急忙从热被窝里出来，拿了竹竿，赶出去帮自己的猫儿打架。和我们家那猫儿争风打架的情敌之一是紧邻林徽因女士的宝贝猫，她称为她一家人的‘爱的焦点’。我常怕钟书为猫而伤了两家和气，引用他自己的话说：‘打狗要看主人面，那么，打猫要看主妇面了！’（《猫》的第一句），他笑说：‘理论总是不实践的人制定的。’”

钱钟书一家来到北京之后还要拜访一些老朋友，其中就有杨绛的老同学费孝通，还有著名作家沈从文、张兆和夫妇。钱钟书曾经写过一篇文章，内容涉及到沈从文收集假古董的事，含有讽刺之意。杨绛感觉这样不妥，应该弥补一下两家的关系。

这段时间，钱钟书夫妇在清华求学时的美籍英文老师温德有一段时间不高兴。清华大学校方感觉钱钟书夫妇是温德的学生，如今还和温德一起指导研究生学习，就叮嘱钱钟书和杨绛一起做温德老师的工作。二人通过询问得知，温德老师对清华大学当时“厚待”苏联专家的事情不满意，说他们没学问，算不上“外国专家”，可薪水要比温德老师高出很多。钱钟书夫妇劝说温德老师，还特地炖鸡请老师吃，温德老师很快消除了疑虑。

来到北京以后，钱钟书的女儿圆圆非常开心。她在上海已经读完初一的课程，到北京该读初二了。可是，北京教育部门在学生年龄方面有规定，圆圆在北京需要从初一开始。钱钟书夫妇经过考虑，就让女儿休学，由杨绛补习初二、初三的课程，将来直接上高中。这样一来，钱钟书夫妇给女儿制定的课程自然比较宽松：钱钟书主管女儿英文，杨绛负责女儿数理化。圆圆有了充足的时间能够自由支配后，就迷恋上了清华园音乐堂发琴房。于是，圆圆每天去练琴，父母的功课就落下了，尤其是钱钟书规定的每天要写的毛笔字，连续几天都没动笔。后来，圆圆就采取“瞒天过海”的办法以旧充新，结果让钱钟书夫妇发觉了。为此，钱钟书大发脾气，撕破了圆圆的英文书，狠狠地教训了圆圆一顿。圆圆从此再也不敢在学习上弄虚作假，后来还帮助钱钟书做一些教学上的琐碎事。两年之后（1951 年夏天）顺利考上了高中。

钱钟书和杨绛到清华大学后，原来的外文系主任陈福田去美国了，现在的外文系主任是外文专家赵诏熊。钱钟书的工作是教授大二的英文，开设《西洋文学史和〈经典文学之哲学〉》两门课程，并负责清华大学外文研究所的工作，另外还要带领研究生学习。尽管钱钟书没有拿到过硕士文凭，可带起研究生们学习来毫不含糊，许多研究生都非常崇拜钱钟书的学识。

相比之下，杨绛的工作就简单一些，原因是清华大学之前有规定，夫妻不可以在学校一起担任教授。这样一来，杨绛只能做兼职教授，她自己称作“散工”，除了教授英国小说选读课程之外别无他事，还能避开很多会议。

钱钟书在清华大学开始工作后，每月工资是一千一百斤小米，比一般的教授都高出一些；外文系每次更换系主任的时候，教务长周培源都会专门征求一下钱钟书的意见；清华大学的校务会议，也常常邀请钱钟书参加，足见清华大学对钱钟书的重视程度。

1950年夏天，著名外交家乔冠华来到清华大学，向校方提出准备借调钱钟书到中共中央《毛泽东选集》英译委员会，准备参加《毛泽东选集》的翻译工作。这样一来，钱钟书在清华大学的教授课程就停了下来。不过，钱钟书平时到城里工作，到了周末就回到清华大学，可以利用周末时间继续带领研究生学习。

钱钟书从清华大学要调到中央《毛泽东选集》英译委员会的消息不胫而走，很快传遍了钱钟书的朋友圈。之前，一位在北京城里居住的老朋友路过清华大学门口都不曾登钱钟书夫妇的家门，听到钱钟书要去《毛泽东选集》英译委员会的消息后，专门雇人力车到钱钟书家里祝贺。思想比较敏捷的钱钟书从中感觉到了什么，就神色不安地对杨绛说：“这是以为我要‘南书房行走’（康熙皇帝设立，意思是皇帝的机要秘书）了。这件事不是好做的。不求有功，但求无过。”

参加《毛泽东选集》英译委员会

1949 年 12 月，毛泽东主席到苏联访问，斯大林向毛泽东建议中国应该编辑《毛泽东选集》向全世界发行，让世界人民了解中国革命的经验和道路。1950 年 5 月，中共中央政治局决定成立《毛泽东选集》编辑出版委员会，钱钟书的清华大学老学长、1924 年毕业的徐永瑛出任英译委员会主任。

当时，《毛泽东选集》英译委员会里有金岳霖、钱钟书、王佐良等几位英文专家，另外还有几名外国专家。工作时，大家基本上都穿中山装，而钱钟书穿的则是长袍。为此，钱钟书清华大学的学弟、时任中共中央宣传部常务副部长的胡乔木还曾经不点名批评钱钟书“着装守旧”。钱钟书不以为然，感觉只要能认真工作，其他问题都是小事。

金岳霖是著名翻译家，也是著名的哲学家。《毛泽东选集》内容涉及很多哲学文章，比如《矛盾论》《实践论》等，这方面的翻译工作需要金岳霖这种英文、哲学都精通的人才。不过，金岳霖有时候遇到疑难问题也需要请教钱钟书。有一次，金岳霖在翻译“吃一堑，长一智”时感觉到了困难，就问询钱钟书，结果钱钟书随口就说了一句英语，金岳霖听了之后大为惊叹。

从这件事中可以发现，《毛泽东选集》英译工作困难不小。当时，毛选中文版和英译基本是在同步进行中，原文需要反复斟酌、经过毛泽东主席审阅后才可以修改，而下一步英译版也就必须要修改。如此一来，返工的情况非常多。钱钟书有心理准备，一心按照领导的指示翻译。不过，钱钟书有时候也会非常“较真”。比如：《毛泽东选集》里有一段文字说，孙悟空钻到庞然大物牛魔王肚子里，钱钟书感觉和《西游记》原著不符。钱钟书从小熟读《西游记》，对《西游记》里的一些情节非常熟悉。他凭借自己照相机一般的记忆力认定：孙悟空没有钻到牛魔王肚子里。英译委员会主任徐水瑛上报胡乔木，胡乔木就找来《西游记》原本，结果证明钱钟书是正确的。最后只得向毛泽东主席报告，请求将原文修改。

钱钟书在清华大学指导研究生学习，其中有一位名叫黄雨石的学生。黄雨石后来也到《毛泽东选集》英译委员会工作，给老师钱钟书打下手。黄雨石非常钦佩钱钟书老师。他曾提及一件事：有一次钱钟书带领他们几名研究生逛书店。来到一家书店里，钱钟书就说，谁能在这家书店里找到我没有读过的书，你们就可以不叫我老师。几名学生开始分头寻找，钱钟书都能说出那些书的作者和内容，此举让几个青年学生佩服得五体投地。黄雨石曾经说：“我不配做钱钟书的学生，钱老师且百分百有资格做我的老师。”

钱钟书的外语、国文水都平非常高，记忆力惊人，所以在英译委员会工作起来效率非常高，很得徐水瑛的赏识。《毛泽东选集》英译委员会有不少外国专家，他们不熟悉中国传统文化，有时候在工作中非常固执。徐水瑛就利用钱钟书精通中英两国文化的优势和这些外国专家争论，有时候双方争论得非常激烈，徐水瑛就站出来打圆场。钱钟书和徐水瑛合作得非常好，以至于杨绛和徐水瑛夫人张淑义也成了好朋友。

《毛泽东选集》英译委员会开始人员不少，还有几名外国专家。一年之后，这个单位就只剩下钱钟书和几名助手了，总共七八个人。

1951 年秋天，中国开始了一场知识分子改造运动，这次运动从首都和天津的教育界开始，目的是让知识分子确立革命立场和观点，要切实开展批评和自我批评，并清理混杂在知识分子中的反革命分子。而之前一段时期，杨绛在清华大学专心搞教学，很少参与其他活动，结果她的批评与自我批评得以顺利通过。可到了后来的一次总结大会上，有人对杨绛进行了猛烈攻击。尽管这次攻击没有一点事实根据，纯属子虚乌有，但杨绛深受打击，以至于周围的朋友都对她“敬而远之”。此举让杨绛在心理上产生了阴影。

随着这次改造知识分子活动开展的深入，清华大学的学生们要求已经借调到《毛泽东选集》英译委员会的钱钟书也需要回校“改造”。杨绛不敢怠慢，急忙进城来到《毛泽东选集》英译委员会说明事由，给钱钟书请假。徐水瑛非常爽快，一口答应，还用自己的专车亲自将钱钟书夫妇送回了清华大学。

在清华大学，钱钟书认真接受“改造”。杨绛在《我们仨》里这样描述钱钟书改造通过的过程：

“钟书就像阿瑗一样乖，他回校和我一起参加各式的会，认真学习。他洗了一个中盆澡，我洗了一个小盆澡，都一次通过。接下是‘忠诚老实运动’，我代他一并交待了一切该交代的问题。我很忠诚老实，不管成不成问题，能记起的趁早都一一交代清楚。于是，有一天钟书、我和同校老师们排着队，由一位党的代表，和我们一一握手说：‘党信任你。’我们都洗干净了。”

在《毛泽东选集》英译委员会这段时期，钱钟书还参加了两次重要的会议，即1952年10月北京召开的亚洲及太平洋区域和平会议和1956年9月招开的中共第八次全国代表大会，并为大会的文件做翻译和定稿。根据杨绛的回忆，钱钟书参加这两次大会，当时都是中共中央向《毛泽东选集》英译委员会借调的。钱钟书不重视名利，从来没有将翻译《毛泽东选集》和参加某次重要大会填写到自己的工作履历中，他没有把这些当做自己的本职工作，只是一心搞学术研究。

《毛泽东选集》英译委员会在1954年告一段落，钱钟书回到了新成立的文学研究所。1958年开始到1963年，钱钟书再度成为《毛泽东选集》英译委员会定稿组成员。1964年，钱钟书又成为毛主席诗词的英译小组成员。“文化大革命”开始后，《毛泽东诗词》的英译工作被迫中断，到1974年才再次开始，直到毛主席诗词翻译完毕才结束。这么长时间的毛泽东著作的翻译工作，钱钟书都是在中央领导下集体工作的，定稿组只有二三人，翻译诗词组只有五人。在此期间，钱钟书还要兼任文学研究所的研究工作。

在文学研究所

1952 年，全国的大学进行院系调整。清华大学改为多科高等工业大学，文学院和其他一些系院划归北京大学。这年的 2 月，中共中央政务院文教委员会决定成立文学研究院。这样一来，钱钟书、杨绛就被分配到正在筹备中的文学研究所工作，隶属于新北大，但工作由中宣部直接领导。

新北大从城里沙滩迁移到原来的燕京大学（燕京大学在院系调整后被撤销）。院系调整后的人员需要各就各位开展新的工作，杨绛就接到了搬家的任务，需要从清华新林院搬到新北大的中关园宿舍。杨绛在《我们仨》里这样回忆当时的情景：

“1952 年院系调整后限期搬家。这年的 10 月 16 日，我家就从清华大学搬入新北大的中关园。搬家的时候，钟书和阿瑗都在城里。我一个人搬了一个家。东西都搬了，没顾及我们的宝贝猫儿。钟书和阿瑗周末陪我同回旧居，捉了猫儿，装在一只又大又深的布袋里。我背着，他们两个一路抚慰着猫儿。我只觉猫儿在袋里瑟瑟地抖。到了新居，它还是逃跑了。我们都很伤心。”

新北大的中关园宿舍是北大搬到北京西郊之后为教职员工新建的宿舍，位置在新北大东门对面，对面是新北大理科的几栋楼。钱钟书家的新房子是平房，面积不大。钱钟书经过反复思忖后，就利用屏风从客厅一端隔断出一间小小的书房，还给小书房起名字叫“容安室”“容安馆”“容安斋”等等，从不断变换的名字上可以看出当时钱钟书对这间小书房的钟爱。1954年，钱钟书还专门为这间小书房写过几首诗，诗的名字就是《容安室休沐杂咏》，下面摘录第一首：

“曲屏掩映乱书堆，

家具无多位置才。

容膝易安随处可，

不须三径羡归来。”

文学研究院是在周恩来总理的指示下成立的。当时，著名作家、诗人何其芳是马列学院语文教研室主任，他从本单位抽调部分人员开始筹备文学研究院。著名作家、社会活动家郑振铎担任所长，何其芳担任副所长。

刚刚成立的文学研究所研究员不多，钱钟书和杨绛都分在外文组。在外文组，钱钟书夫妇和著名学者、古希腊文学研究专家罗念生被称作“老先生”。其实，当时钱钟书夫妇刚刚四十出头，罗念生也没有五十岁，都正值研究工作的“旺季”，所以对“老先生”的称呼不很习惯。不过他们很快发现，那些革命老区来的同事岁数尽管很大了，但依然都称呼“同志”，这才琢磨出“老先生”含有“老朽”的意思。

文学研究所成立之初设在燕园的适楼，研究员不需要坐班办公。为此，研究所也讨论过这件事，但终究因为没有可以集体办公的地点场所而告终。这样一来，“老先生”可以在家里做研究工作，每周开“碰头会”，年轻人在一间办公室里坐班办公。

文学研究所的正所长郑振铎身兼数职：文化部副部长、全国政协文教组长等，平时工作很忙。如此一来，文学研究所的日常工作就落在了副所长何其芳身上。所里的党组织关系、方针任务、工资定级等，基本上都是何其芳做主。钱钟书被定为二级研究员，工资七百斤小米；杨绛是三级研究员，工资六百五十斤小米。

文学研究所有图书资料室。何其芳有段时期曾经安排钱钟书负责为所里购买图书，让钱钟书开中外书籍的单子。钱钟书毫不客气，对于英法德意等一些外文书籍，还包括一些善本孤本，不论价格高低都开在书单子上，然后照单买书。

钱钟书痴迷读书，所以对书籍方面的事情很关心。他了解到，在院系调整过程中，一些综合性大学将丰富的人文科学中外书籍送给了工业大学。另外，中共北京市委也收缴了一批教会学校的藏书，这些书中有不少稀世藏书。钱钟书的眼睛盯上了这些书籍，经过反复思忖，他给周总理写了一份报告，首先说明文学研究所在工作中需要各国的图书，而一些单位的藏书且束之高阁，这样会造成图书资源的浪费……很快，文学研究所就收到了很多藏书，极大地丰富了文学研究所的图书资料。

钱钟书在文学研究所工作，业务方面人人称赞，但从不过问政治方面的事情，这一点与钱钟书夫妇的性格有关系。他们崇尚独立精神，思想比较自由。不过，据传上级有关领导曾经问询何其芳所长关于钱钟书入党的问题。后来，终于有人写了一份反映钱钟书的“黑材料”交给了文学研究所领导，这份没有经过审查的材料不知怎么又被装进了钱钟书的人事档案袋里。如此一来，钱钟书就成为了“反动知识分子”的典型，还被写进《北京大学典型调查材料》里送到了中央部门。当时，这份资料高度机密，不可以随便传阅。后来，随着时间的流逝，到了改革开放之后，有人在旧书摊位上发现了这份材料。现摘录部分如下：

“……文学研究所钱钟书在解放前与美国间谍特务李克关系密切，和清华大学所揭发的特务沈学泉关系也密切，曾见过‘蒋匪’并为之翻译《中国之命运》，还在上海美军俱乐部演讲一次。在解放后一贯地散布反苏反共和诬蔑毛主席的反动言论；1952年他在毛选英译委员会时，有人建议他将毛选拿回家去翻译，他说：‘这样肮脏的东西拿回家去，会把空气都搞脏了。’诬蔑毛选文字不通；中苏友好同盟条约签订时，他说：‘共产党和苏联一伙，国民党和美国一伙，一个样子没有区别。’他还说：‘粮食统购统销政策在乡下饿死好多人，比日本人在时还不如……’”

实际情况并非如此。李克是美国留学生，曾经研究《管子》，后来到清华大学和燕京大学研习，和钱钟书根本就不认识。至于沈学泉，根本就没有这个人。还有，本书前面也曾叙述，钱钟书不愿意和蒋介石见面握手特地“逃回”了家。所以，这份“资料”绝对是空穴来风。

文学研究所和人民文学出版社曾经合作出版过三套丛书：文艺理论丛书，中国古典文学作品丛书，外国古典文学作品丛书。文学研究所负责选题和撰稿，人民文学出版社负责出版。值得注意的是，所里除了杨绛之外，包括钱钟书在内的研究员都是编委，并且每次开会都要到北京著名的中华老字号、经营鲁菜的同和居饭店去吃饭。钱钟书吃饭回家总要对吃过的美味佳肴回味一番，杨绛对此非常羡慕。

《宋诗选注》

钱钟书在《毛泽东选集》英译委员会工作的同时，还要兼职文学研究所的工作。1954 年，《毛泽东选集》翻译委员会工作暂时告一段落。尽管没有就此结束，但钱钟书这段时间回到了文学研究所上班。在这段时期，钱钟书撰写了《宋诗选注》。其实，钱钟书研究宋朝诗作，也属于一种无奈之举，原因是在大学专修的是外国文学，但却无法到外文研究所工作。杨绛在《我们仨》中这样描述当时的情景：

“郑振铎先生是文研所的正所长，兼古典文学组组长。郑先生知道外文组已经人满，钟书挤不进了。他对我说：‘默存回来，借调我们古典组，选注宋诗。’钟书很委屈。他对于中国古典文学，不是科班出身。他在大学里学的是外国文学，教的是外国文学。他由清华大学调入文研所，也属外文组。放弃外国文学研究而选注宋诗，他并不愿意。不过他了解郑先生的用意，也赞许他的明智。钟书肯委屈，能忍耐，他就借调在古典文学组里，从此没能回外文组。”

钱钟书放弃外国文学去研究中国宋代的诗歌，尽管非所愿，但钱钟书的国文水平也是非常高的。了解中国文化史的人都知道，中国宋朝以词文化名扬历史，历朝历代的文人都关注宋词，关于宋诗的书籍比较少。之前，关于宋朝的诗作已经有文献进行考订，但只是其中的一部分，而对宋朝的诗作进行全面的考订，钱钟书是第一位。

关于宋朝的诗歌作品，鲁迅先生曾评价宋朝诗歌作品说：“中国的好诗到唐朝都已作完”。“有唐诗作榜样是宋人的大幸，也是宋人的大不幸”。从鲁迅的分析中可以看出，宋朝诗歌创作有自己的先天性优势，有区别于其他朝代诗作的独到之处。为此，钱钟书在《宋诗选注·序》中用了一个生动的比喻：“据说古希腊的亚历山大大帝在东宫的时候，每听到他父王在外国打胜仗的消息，就要发愁，生怕全世界都给他老子征服了，自己这样一位英雄将来没有用武之地。紧跟着伟大的诗歌创作时代而起来的诗人准有类似的感想。”这个比喻非常形象地说明了宋朝诗歌创作处在唐诗之后的境况。宋朝诗人继承了唐诗的优良传统，写出了自己的时代特色，进而让宋诗在中国文化中占有一席之地。

痴迷国文的钱钟书搜罗宋朝书籍，花费两年时间，精选了八十位宋朝诗人的作品，其中不乏苏东坡、欧阳修等大家，也有宋朝一些不很出名的“小家”。在撰写过程中，钱钟书避开个人的喜好，从大局出发，努力从读者的角度取舍宋朝的诗作。尤其是关于一些诗人的小传和评论注解，钱钟书写得非常精彩。在《宋诗选注·序》里，钱钟书这样写：

“……宋初有人在诗里感慨说，年成随你多么丰收，大多数人还不免穷饿：‘春秋生成一百倍，天下三分二分贫！’最高增加到一百倍的收成只是幻想，而至少增加了五倍的冗官倒是事实，人民负担的重和痛苦的深也可想而知，例如所选的唐庚《讯囚》诗就老实不客气的说大官小吏都是盗窃人民‘膏血’的贼。国内统治阶级和人民群众的矛盾因国际的矛盾而抵触得愈加厉害；宋人跟辽人和金人打仗老是输，打仗要军费，打败仗要赔款买和，朝廷只有从人民身上去榨取这些开销，例如所选的王安石《河北民》诗就透露这一点，而李觏的《感事》和《村行》两首诗更说得明白：‘太平无武备，一动未能安……役频农力耗，赋重女工寒……’‘产业家家坏，诛求岁岁新，平时不为备，执事彼何人……’北宋中叶以后，内忧外患、水深火热的情况愈来愈甚，也反映在诗人的作品里。诗人就像古希腊悲剧里的合唱队，尤其像那种参加动作的合唱队，随着搬演的情节的发展，歌唱他们的感想，直到那场戏剧惨痛的闭幕、南宋亡国，唱出他们最后的长歌当哭：‘世事庄周蝴蝶梦，春愁臣甫杜鹃诗！’”

《宋诗选注》书稿在1956年完成，书序和十篇宋朝诗人的小传记于1957年连续刊登在《文学研究》上。《宋诗选注》全本在1958年由人民文学出版社出版，随后在知识界引起了强烈反响。著名外交家乔冠华评价《宋诗选注》是“那年头唯一可看的有个性的书”。胡乔木也称赞《宋诗选注》非常精当，是一部难得的选本。曾任中宣部副部长、文化部副部长、中国作家协会副主席的周扬到文学研究所讲话时也对《宋诗选注》称赞有加。

不过，钱钟书在《宋诗选注》里的言辞“有失谨慎”。著名哲学家、社会学家、曾经担任周恩来总理秘书的著名国际问题专家李慎之曾经为《宋诗选注》注语里“偶尔爆发的狂言大语”捏一把汗。

《宋诗选注》之所以能获得如此好评，跟其丰富的内容是分不开的。首先，《宋诗选注》的建构是依照诗史的脉络，从诗作的创作历史环境给诗人加以评定和定位。全书按照历史的发展顺序选编，给读者一幅比较清晰的历史文化脉络。在对宋朝诗人的评定上，钱钟书从文艺鉴赏的角度出发，首先在总体上评论，然后分评，具体的评论都来自钱钟书对诗作的感受，其中无不蕴含审美情趣的诗学判断。

宋朝的诗作分很多体门派别，其中有西昆体、晚唐体、江湖体、江西诗派等等。《宋诗选注》中，钱钟书向读者论述诗人本身与本体派的关系，然后由个体上升，再向读者论述诗作所属派别的特征和内涵。相对于唐诗，宋朝是诗作已经积累了丰富的修辞经验和创作技巧，凸显出鲜明的时代特色。钱钟书从诗作的用字、句法、整体布局上，引用古今资料，再联系绘画、理学、禅学以及方言加以论述和分析，让读者从中体会宋诗的高妙。

《宋诗选注》出版之后，很快遭遇了当时文化界“拔白旗”运动。各种批判这本书的文章相继发表，都在从各个角度开始攻击《宋诗选注》中存在的“资产阶级观点”。接下来的一幕幕更加让钱钟书夫妇吃惊：文学研究所不断召开批判大会，对《宋诗选注》开始大肆批判。当时，《毛泽东选集》翻译委员会再次开始了运转，钱钟书需要进城去工作，无法参加文学研究所的批判大会。所里经过商讨后，就让杨绛来代替钱钟书接受“人民群众”的批判，然后再将批判建议传达给钱钟书。杨绛就在批判会开始的时候拿个本子，然后老老实实地坐下来听取和记录“人民群众”的批判发言。一段时间过后，日本的中国文化泰斗、宋朝诗歌专家吉川幸次郎看到了钱钟书的《宋诗选注》，随后对这本书大加称赞，并撰写文章向人们推荐《宋诗选注》。在文章中，吉川幸次郎这样说：“这是一本从不同于前人的角度出发对宋诗进行全面观察的书。”“注释和简评特别出色。由于此书的出现，宋代文学很多部分恐须改写”。

吉川幸次郎是日本著名汉学家，在世界有一定的影响力，随着他评价《宋诗选注》文章的发表，国内对于钱钟书《宋诗选注》的批判才落下帷幕。文学研究所里，何其芳再三请杨绛替自己向钱钟书道歉。

在学部

文学研究所后来隶属于中国科学院哲学社会科学部，并在 1956 年秋天从燕园搬了出来，直接搬迁到中科院哲学社会科学部的办公地址——中关村社会楼。到 1959 年，文学研究所的研究员们才有了正式宿舍，地址在东四头条一号。这一年的 5 月，钱钟书一家从中关村的小平房迁到东四头条的研究员住址。

文学研究所宿舍原来是一座办公楼，后来经过改造隔断成了四套房子，成了一个大杂院。钱钟书的新家是一间宽大的办公室改造成的住房，还不如原来的小平房面积大。房子共五小间，一间做客厅，一间堆放箱笼什物，一家三口加一个女佣住在另外的三间房里。搬家后，钱钟书夫妇并没有添置什么家具，客厅里只有几把椅子。

钱钟书的女儿钱瑗之前学的是英语，到了中学后改学俄语。经过一段努力学习后，钱瑗的俄语成绩有了明显长进，顺利考取了北京师范大学俄语系。

1956 年，钱钟书由二级研究员升职为一级研究员，而杨绛还是三级研究员，并一直到退休。钱钟书为此心里很为杨绛叫屈，但杨绛不以为然。这年夏天，钱钟书带上女儿到武汉看望父母，结果在武汉生活得非常不习惯。杨绛在《我们仨》这样描述当时的情景：

“钱瑗考取大学以后的暑假，1956年夏，随钟书到武昌省亲。我公公婆婆居住在学校宿舍。钟书曾几度在暑期中请‘探亲假’省视父母。这回带了阿瑗回去。

大热天，武汉又是高温地区，两人回来，又黑又瘦。黑是太阳晒的，瘦则各有原因。钟书吃惯了我做的菜，味淡；我婆婆做的菜，他嫌咸，只好半饥半饱。爹爹睡觉不分日夜。他半夜读书偶有所得，就把健汝唤醒，传授心得。一个欠吃，一个欠睡，都瘦了。”

当时，钱基博老先生身体不好（胃癌），加之钱钟书的两个弟弟又不在国内，所以钱钟书倍感压力。1957年初，钱钟书只得再次请假到武汉。途中，钱钟书写了《赴鄂道中》五首诗。此时，钱钟书的三弟已经回到国内，而钱钟书的母亲已经神志不清。在父亲钱基博授意下，钱钟书三弟将母亲送回无锡老家。当年11月，钱钟书的父亲钱基博在武汉去世。第二年，母亲在无锡去世。

1958年，钱钟书再次被借调到《毛泽东选集》英译委员会定稿组。文学研究所所长何其芳非常“舍不得”钱钟书，有一次曾经还找徐水瑛要人，但无功而返。

当时，国家号召知识分子下乡接受锻炼，杨绛就跟随一些老知识分子来到乡下。身在城里的钱钟书就每天给杨绛写一封信，内容情深意长还生动有趣。后来，钱钟书也下乡劳动接受锻炼，依然坚持给杨绛写信，但不能做到一天一封了。那些信，杨绛没有舍得丢弃，可太多了就影响转移行动，因为劳动锻炼需要不断变化地点，需要向很多地方的劳动人民学习。没办法，杨绛后来就将这些信件烧毁了一部分，剩下的一部分到“文化大革命”开始后才彻底烧毁。

1958 年 12 月初，钱钟书从《毛泽东选集》英译委员会定稿组下放农村，地点是在河北省昌黎县。之前一个月，杨绛还跟随中国社会科学院领导去河北省的昌黎县和徐水县参观。这段时期，女儿钱瑗也下放到钢铁厂去大炼钢铁。

钱钟书在昌黎县的具体工作是捣粪，非常辛苦，吃的是有点发霉的白薯粉掺玉米面的窝窝头。两个月之后即阴历年底，钱钟书回到北京。杨绛到火车站去接钱钟书的时候心里非常紧张，担心接不到，接到了又担心钱钟书还需要再回昌黎。令杨绛没想到的是，钱钟书竟然从昌黎带回很多北京买不到的肥皂，还有当地的土特产蜜饯果脯，杨绛有点大喜过望。

三年困难时期，钱钟书还在《毛泽东选集》英译委员会定稿组工作，人数不多但里边有外国人。这样一来，钱钟书就需要和那些外国人一起吃“高级饭”。另外，钱钟书和杨绛都是研究员级别，都有特供，生活上比较优越，还时常下饭店吃饭。杨绛在《我们仨》中非常生动地描述了他们一家人下饭馆吃饭的场景，颇有其乐融融的韵味：

“吃馆子不仅仅吃饭吃菜，还有一项别人所想不到的娱乐。钟书是近视眼，但耳朵特聪。阿瑗耳聪目明。在等待上菜的时候，我们在观察其他桌上的吃客。我听到的只是他们的一言半语，也不经心。钟书和阿瑗都能听到全文。我就能从他们连续的评论里，边听边看眼前的戏或故事。‘那边两个人是夫妻，在吵架……’‘跑来的这男人是夫妻吵架的题目——他不就是两人都说了好多遍名字的人吗？……看他们的脸……’‘这一桌是请亲戚’——谁是主人，谁是主客，谁和谁是什么关系，谁又专爱说废话，他们都头头是道。我们的菜一一上来，我们一面吃，一面看。吃完饭算账的时候，有的‘戏’已经下场，有的还演得正热闹，还有新上场的。我们吃馆子是连着看戏的。我们三人在一起，总有无穷的趣味。”

这几年，钱钟书一家好事连连。1962 年 8 月 14 日，在东四头条居住三年多的钱钟书一家人搬到了新建造的学部大楼内，地点在干面胡同十五号学部宿舍，距离原来的住处东四头条并不太远。这里原来是中国科学院社会科学学部高级研究人员的宿舍，是 1961—1962 年新建筑的砖混结构楼房，住房条件在当时属于比较好的。钱钟书一家入住时，当时这里只有二十九户，其中包括了诸如钱钟书、金岳霖这样的一级研究员，还有一部分副研究员和一些高级行政干部。钱钟书的新家将近八十平方米，在当时属于“大房子”。房子总共有四个房间，朝南三间：中间是客厅，客厅沿墙放的是书橱，另有一间厨房、一间卫生间和一个阳台。房子的东边还有一个套房，钱钟书将这间房做为自己的卧房兼书房，杨绛将房子西边临阳台的一间做为卧房兼书房。几年后，女儿钱瑗结婚没房子住，女婿就住进了他们家。房子朝北的西尽头房间就成了女儿和女婿的新房。他们添买了家具，住得很宽舒。

这几年，钱钟书一家人的生活比较舒适。当时，钱钟书夫妇都是研究员工作，工作时间较长，工资自然就比较高，大约几百块钱。相比之下，当时的年轻人和这些“老先生”相差比较大，他们刚参加工作没几年，级别也比较低，工资也就几十元。这样一来，每次到了“运动”来了的时候，“老先生”就成为年轻人批判的对象，年轻人就借此机会发泄一下内心的不满。

1963 年，《毛泽东选集》英译委员会定稿组工作告一段落，钱钟书回到隶属于学部的文学研究所工作。第二年，中宣部成立毛主席诗词翻译五人小组，钱钟书成为成员之一。

1963 年 12 月，女儿阿瑗到北京市大兴县礼贤公社搞“四清”工作，一直到第二年 4 月才回到学校。这一年，杨绛在学部文学研究所也报名准备下乡搞“四清”工作，没有被批准。

1965 年 9 月，女儿钱瑗去山西武乡城关公社搞“四清”，受到革命群众的好评，被批准“火线入党”，成为一名光荣的中国共产党党员。也正是女儿钱瑗的这次政治上的大进步，才使得钱钟书一家人在“文革”中存有了一线生机。

第六章

创作《管锥编》

“牛鬼蛇神”

1966年，轰轰烈烈的“文化大革命”开始了，钱钟书和杨绛都被称为“牛鬼蛇神”。8月7日，杨绛首先被“革命群众”揪了出来，随后被勒令去打扫办公楼的女厕所，进行劳动改造。杨绛毫不含糊，她找了一些工具开始认真打扫，十天之内让女厕所变得干干净净，没有一点异味，让单位的女士们大为吃惊。

“清理阶级队伍”运动开始后，学部文学研究所里有“革命群众”张贴了一张揭发钱钟书“黑材料”的大字报。钱钟书和杨绛听到消息后就赶到了学部大院，随后在那张大字报下面张贴了一张小字报进行了辩解。不了解情况的“革命群众”就认为“牛鬼蛇神”杨绛胆大包天，竟然敢和“人民群众”作对。接下来，杨绛就被揪到千人大会上遭到了批斗。杨绛性格倔强，不低头认罪，后来还被强迫戴上尖顶高帽、挂着木板子到学部大院去游街示众。

钱钟书和杨绛被定性为“牛鬼蛇神”的这段时期，“革命群众”每月只发给他们很少的生活费用，存款全部冻结，生活相当拮据。当时，女儿钱瑗还在师范大学工作，是党员，属于“革命群众序列”，她非常想回家看望爸爸、妈妈。如果要完成这个愿望，钱瑗必须要通过学部的大院，那里有千百双“革命群众”的眼睛盯着。反复斟酌之后，钱瑗就首先写一张坚决要和“牛鬼蛇神”父母划清界限的大字报，然后工工整整地张贴在楼下的墙上，随后才大义凛然地上楼。进门后，钱瑗首先要向“牛鬼蛇神”的爸爸、妈妈声明，自己张贴大字报是和父母划清界限。接下来，钱瑗一声不吭就依偎在杨绛身边，随后拿出人造棉布，开始细细地、一针一针地为妈妈缝制睡衣。钱瑗自己裁自己缝制，完成后将睡衣叠好放在妈妈身边。钱钟书喜欢吃夹心糖果，这一点女儿钱瑗心里清楚，但需要“秘密”将夹心糖放进挎包里带进来。送给钱钟书之后，钱瑗需要将包糖的纸收好放进准备好的瓶子里带出去，以防被“革命群众”发现。

钱瑗低声告诉爸爸妈妈，自己现在已经领工资了，每月除了生活费还可以省下来一部分补贴家里。女儿钱瑗的关心让钱钟书和杨绛非常动情，一家三口都将眼泪咽到肚子里。女儿女婿当时都是“革命群众”，必须要和钱钟书、杨绛“划清界限”，不然的话，这对夫妻也会遭到“批斗”。

8 月 27 日，杨绛在办公室被迫交出《堂·吉诃德》的翻译稿子，晚间就在宿舍的大院里被陪斗。期间，杨绛还被剃成了“阴阳头”。钱钟书看到后非常焦急，如此的形象是难以走出家门的。苦思冥想之后，杨绛利用女儿钱瑗之前剪下来的两条大辫子做了一顶假发。这样一来，杨绛就可以出门买菜了。

钱钟书在毛泽东诗词翻译定稿组，尽管已经被定性为“牛鬼蛇神”，但批斗会的浪潮很难波及到这样的单位，毕竟有毛泽东诗词的光环罩着。相比之下，杨绛就没那么幸运了。

文学研究所的“革命群众”规定，“牛鬼蛇神”需要交自我检讨书，然后让革命群众的监管小组审批。杨绛交了自我检讨书后得到的批语是：“你这头披着羊皮的狼！”杨绛感觉这样的批语非常震撼自己的心。

钱钟书和杨绛都被定性为“牛鬼蛇神”后，女儿钱瑗尽管是党员，但在革命活动中也受到了牵连。在“革命群众”里，钱瑗时常被称作“拉入党内的白尖子”，所有革命团体都不让钱瑗加入。钱瑗心里清楚，在如火如荼的“革命形势下”，自己不可以做“逍遥派”和“游鱼”，一定要想办法“进行革命”。她就来到革命圣地延安，特地画了一幅延安的宝塔画作寄给了妈妈。但是，钱瑗的丈夫德一就没有这么幸运了，他在“文革”中自杀了。

钱钟书和杨绛夫妇在“文革”中处世艰难，但同时他们也得到了“上层一些人士”的帮助，因为当时中央也了解这些高级知识分子都是“学术权威”，需要保护。时任中央政治局常委、“文革”办公室主任的陶铸感觉到，学部的这些上岁数的高级知识分子如果不停地被批斗，用不了多长时间就会死去。为此，陶铸和陈伯达来到学部做了一次著名的讲话，让“革命群众”不要死死盯住“反动学术权威”不放手，要抓一抓“根根、须须、爪爪”。这次讲话之后，学部“革命群众”的斗争方向就分散开来，保护了钱钟书夫妇在内的一大批知识分子。

钱钟书夫妇平时喜欢帮助人，在“文革”中也时常在精神、物质上帮助周围的人，同时也得到了尊敬和爱戴。“文革”刚开始时，一位同事带领“革命群众”到钱钟书家“清抄”，结果到屋里转了一圈就走了，并没有动钱钟书家的一丝一毫。杨绛的《堂·吉诃德》译稿被收缴之后，一位同事接管了监管“牛鬼蛇神”的大权，了解杨绛的心事后就冒着危险将稿子还给杨绛。

1969 年，“文化大革命”正在深入进行。在学部，知识分子都要接受“革命群众”的“再教育”。全体人员分组居住在各个办公室内，每天要像学校的学生那样早起出操，上午、下午以及晚饭后都要分班学习。到了吃饭时间，知识分子们都要在各自的单位食堂排队打饭吃。有时候排队需要半个小时，站得腰酸背痛，但回家做饭是不可能的，因为时间不允许。年轻人都必须居住在学习班，上岁数的可以回家去住。这样一来，钱钟书和杨绛就可以在岁数上得到照顾。

这一年，学部“革命组织”出台了一项新措施，安排没有房子住的“革命群众”住到“资产阶级权威”家里，还给这项措施起了个通俗的名字叫“掺沙子”，“沙子”就是一些需要住房的“革命群众”。这一年 5 月里的一天，钱钟书告诉杨绛，家里的房子需要分出两间给当时在文学研究所工作一家的“革命群众”居住，下一步要腾房子，把东西搬到其他地方去。

钱钟书家里的房子在干面胡同 15 号，在当时来说属于比较宽敞的住宅。后来，女儿钱瑗结婚后也住在家里，还添置了不少家具。这次要腾出两间房子，钱钟书夫妇需要精心布置。

几天之后，钱钟书家里就搬进来一家人，从此给两家埋下了隐患。城市里的单元楼房不比平房大杂院。平房大杂院里可以居住几家人，时间多久也没关系，厨房都各用各的，大不了有个公用厕所和公用自来水管子。楼房单元套房里面几间房子都比较集中，都进出一个门口不说，厕所、厨房都需要两家公用。这样一来，短时间内在一起还能勉强凑合，时间一长矛盾肯定要爆发。不过，在下放干校之前，两家在一起生活基本还算融洽。

值得一提的是，当时国内城市居民住房紧张。在“文革”之前，这种合居现象已经出现了，后来在“文革”期间达到了高峰，成为当时大城市里一种普遍的居住形式。这种现象一直延续了三十年左右，给广大市民的人际关系造成了极大伤害。合居的住户之间开始还好，后来就开始摩擦，接下来吵架以至于大打出手，这成为当时都市的常见现象。钱钟书家出现合居情况，为后来的矛盾发展也埋下了隐患。

下放干校的消息传开之后，“革命群众”对知识分子的管理稍微松懈了一点，钱钟书就和杨绛时常在中午找机会上饭店吃饭说说话。此间，知识分子要下放到干校的消息都在传说，地点也在渐渐明确。钱钟书夫妇清楚，老夫老妻在一起的时间不会很长了。

在河南干校

1969年11月3日，天气已经变凉。杨绛到学部门口公共汽车站等待，看到钱钟书从人群里走过来，二人随后上了公交车。钱钟书在车上告诉杨绛，干校下放日期已经定在这个月的11日，钱钟书作为先遣队要首先出发。杨绛在《干校六记·下放别记》里详细地描述了当时情景：

“尽管天天在等待行期，听到这个消息，却好像头顶上着了一个焦雷。再过几天是默存虚岁六十生辰，我们商量好：到那天两人要吃一顿寿面庆祝。再等着过七十岁的生日，只怕轮不到我们了。可是只差几天，等不及这个生日，他就得下干校。

‘为什么你要先遣呢？’

‘因为有你。别人得带着家眷，或者安顿了家再走；我可以把家撂给你。’

干校的地点在河南罗山，他们全所是11月17日走。

我们到了预定的小吃店，叫了一个最现成的沙锅鸡块——不过是鸡皮鸡骨。我舀些清汤泡了半碗饭，饭还是咽不下。”

学部里的知识分子下放干校，“革命组织”给这次行动定性是“连锅端”，让人听到好像具有一去不回头的意思。钱钟书是先遣队，得到一个星期的时间准备行装。衣服、图书、笔记本、木头箱子、铁箱子……钱钟书的行李一大堆。送行的时候，杨绛和女儿、女婿三人去送钱钟书。到了杨绛出发到干校的时候，只剩下女儿钱瑗一人送她了。

罗山县在河南南部，当时属于信阳地区（现在信阳市）。钱钟书一行人来到指定地点后，当晚就睡在草铺上，感觉还很暖和。没想到的是，随后的一场大雪让当地的气温骤降，因为地温还比较高，所以就出现了遍地泥泞的状况。11 月 17 日，学部的大队人马赶到了，七八十个男同志居住在一间房子里，分头在几个土炕上睡觉，清一色的大通铺。据说，当时有个跟随爸爸下放的小男孩，每次睡觉前都要绕着土炕撒尿。

到了礼拜天，干校的人员都到附近的镇上去买好吃的解馋，有烧鸡，还有炖熟的乌龟，但钱钟书没有吃过。钱钟书给杨绛写信介绍这里的情况，在信中还附加了几首很有风趣的打油诗。

罗山县地貌以山地为主，能够耕种的土地并不多，自古是“五山一水四分田”。干校的人员在罗山县待了一个多月找不到劳动锻炼的机会，所以组织上就准备让他们搬家了。一个多月之后，钱钟书所在的干校人员和家眷，还有一些箱子和家什，全部搬到了息县的东岳镇。

息县和罗山县相邻，是以春秋时期著名美女息夫人而得名。那里土地很多，淮河从境内穿过，所以农业发达。不过，息县当时人很穷。钱钟书一行人来到息县的东岳镇时正值冬天，但在居住地竟然找不到燃料来生炉子，为此很多女同志的脸上都生了冻疮。但是，没有办法，他们需要在春节之后住上自己的房子，为此需要参加从来没有参加过的艰苦劳动。

春节过后，干校的人员开始忙活起来。青壮劳力开始大干，女同志照样也要拉大车。都是高级知识分子，从来没有接触过此类重体力劳动，当时的情况可想而知。钱钟书和俞平伯夫妇等几位“老弱病残”实在无法“上阵”，只好给人家打打下手。经过一段时间的劳作，干校的人员终于住上自己亲手建造的房子了。不过，那种没有经过设计的土坯房子居住后的的情景非常“触目惊心”。干校同行人员钱碧湘这样回忆当时的情景：

“干校条件恶劣。钱先生和吴世昌先生等四人同住一间土屋。地面比路面低，进门要下两级台阶，非常潮湿。四块铺板紧靠四墙摆放，中间一小方空地，白天便权充工场。钱先生身处逆境，仍然冲淡平和，不失儒雅。静坐在小马扎上搓麻绳时，钱先生的身影颇堪入画。他寿眉低垂，手中不停地捻动着麻絮，犹如老僧入定，思绪已不知至何处何方……”

息县水利发达，东岳镇周边就有很多水塘。干校搬到这里后，洗衣服比较方便，但冬天水温比较低，洗衣服很冷。钱钟书洗衣服不在行，就请当地的一位大娘帮忙洗，但洗好晾晒之后衣服就找不到了。细想一下，当时人们的生活非常艰苦，缺吃少穿，只要看到没人看管的好衣服、好吃的东西随手就拿走。

干校里经常出现一些“新鲜事”。据说，有一次干校的人员将一个水塘的水抽干捉鱼，食堂因此改善伙食，有红烧鱼。何其芳就拿了自己的大漱口杯买了一份，随后就开始吃，可老是感觉味道不对头。何其芳就从杯中捞出来看看怎么回事，原来是一块尚未泡烂的肥皂。还有，钱钟书曾经和两位研究员在露天地里烧一锅水，结果半天也烧不开。可想而知，当时是在大冬天，风雪不停，锅下的火苗都让冷风吹跑了，怎么能将水烧开？

钱钟书给北京的杨绛写信说明干校的情况后，北京学部等待去干校的人时常找杨绛打听那边的情况。杨绛就一五一十地给大家介绍，好让大家在思想上有所准备。不过，杨绛还在替钱钟书担心，担心钱钟书自己洗衣服会跌落到水塘里。杨绛就给钱钟书写信说，丢掉几件衣服不要紧，还是请人代洗比较好。

1970 年 7 月 12 日，也就是钱钟书下放到干校八个月之后，杨绛的连队才下放出发。当时，学部人员下放要统一按照军队的称呼，不叫所，称连。杨绛抵达干校之后，首先向排长请假，需要到钱钟书的连队去探亲。得到允许后，杨绛才可以去探望分别八个月之久的丈夫。妻子前来探望，连长特地给了钱钟书半天假。夫妻二人说了一会儿话，最后钱钟书送杨绛回到连队。杨绛没有告诉他女婿自杀的消息。

在《下放别记》里，杨绛这样描述当时看到钱钟书的情景：

“干校的默存又黑又瘦，简直换了个样儿，奇怪的是我还一见就认识……只看见他右下颌一个红包，虽然只有榛子大小，形状却峥嵘险恶：高处是亮红色，低处是暗黄色，显然已经灌脓。我吃惊说：‘啊呀，这是个疽吧？得用热敷。’可是谁给他做热敷呢？我后来看见他们的红十字急救药箱，纱布上、药棉上尽是泥手印……”

有一次，钱钟书去干校的诊所看病，汇报姓名说是钱钟书，结果那位大夫说自己见过钱钟书，眼前的“钱钟书”在胡说。从这小事可以了解到钱钟书当时的外貌变化，更能了解当时干校生活的艰苦。不足一年的干校艰苦生活，让钱钟书容貌大变。

钱钟书在干校开始是做烧锅炉的工作，后来因为长疱疹，连长就照顾他白天负责看管劳动工具，晚上负责巡夜，后来还担负连队收发室的工作。来了报纸或者书信，钱钟书就抽空去拿回来。这项工作相对来说比较清闲。

杨绛来到干校之后，所在的连队距离钱钟书大约一个小时的路程。干校的纪律非常严格，所有人员必须像军队那样服从命令听指挥，不许随随便便四处走动。十天才有一次休息日，当时都称大礼拜。如果有了紧急任务，休息日随时会被取消。这样一来，钱钟书和杨绛只能依靠书信互相关照。

杨绛在连队是岁数最大的女同志，年龄接近六十岁了。连队组织经过商议，就让杨绛看管菜园。杨绛心里清楚，这么安排是在照顾自己，原因是钱钟书的宿舍距离菜园只有十多分钟的路程。钱钟书的职责是看守连队的劳动工具，杨绛的班长时常派杨绛去找钱钟书借工具。看到杨绛拿着劳动工具走来走去，同事们都觉得可乐。

钱钟书在干校的专职是通信员，负责连队的信件、包裹、报纸，看管劳动工具和巡夜属于兼职。他看管工具主管登记，巡夜也是和别人轮流值班。

老夫老妻情谊深。钱钟书时常要去的邮电所在杨绛菜园东南方向不远的地方，他几乎每天要走过杨绛的菜园子。菜园边上有一条小溪流，钱钟书有时候沿着小溪绕道过来和杨绛说说话，三言两语，嘘寒问暖。每到这时，杨绛的同事们就停下手里的活计欢迎钱钟书。有时候，杨绛一人看守菜园，而旁边的小溪流水很少，钱钟书就直接越过小溪找到杨绛坐一会儿，遇到风和日丽的日子就一起晒晒太阳。遇到钱钟书事忙的时候，杨绛总是远远看着钱钟书急匆匆打个招呼走过去，然后目送他的背影渐渐消失。艰苦的岁月里，一对老夫妻别有一番情调地相互鼓励着坦然面对。让人感觉，这似乎就是漫漫人生路。

不过，杨绛在菜园也有刻骨铭心的事情。1971年1月的一天下午，杨绛依旧在看守菜园。有一些人过来询问了一下，随后就在溪边挖坑，接下来将一具芦席卷着的尸首埋了。通过询问，杨绛了解到死者是学部某连的，是自杀身亡。这一幕让杨绛触目惊心，深感生活的不易。

艰苦的生活里同样有温馨的一面。杨绛连队的同事在附近抱了一条非常可爱的小黄狗，送到了菜园。杨绛从自己的伙食里分出一点把小狗养活了，还取名小趋。养过狗的人都知道，狗通人性。钱钟书每次到菜园来，总要拿一点骨头之类的东西喂小狗，小狗也跟他建立了“深厚的友谊”。他每次从菜园路过，小狗看到就活蹦乱跳地欢迎，像一家人一样，惹得钱钟书心情大悦。杨绛在《干校六记・小趋记情》里这样描述当时的场面：

“……一次，默存带来两个臭蛋——不知谁扔掉的。他对着小趋‘啪’一扔，小趋连吃带舔，蛋壳也一屑不剩。我独自一人看园的时候，小趋总和我一同等候默存。它远远看见默存从砖窑北面跑来，就迎上前去，跳呀、蹦呀、叫呀、拼命摇尾巴呀，还不足以表达它的欢忻，特又饶上个打滚儿；一打完一滚，又起来摇尾蹦跳，然后又就地打个滚儿。默存大概一辈子也没受到这么热烈的欢迎。他简直无法向前迈步，得我喊着小趋让开路，我们三个才一同来到菜地。”

1970年，钱钟书过六十周岁大寿（钱钟书生于1910年11月21日），杨绛是六十虚岁。为此，杨绛准备想办法给钱钟书庆贺一下，开一个红烧鸡罐头。那天正逢杨绛放假，但是钱钟书连队这一天不是休息日。杨绛在连队吃了早饭后赶到钱钟书那里，陪着钱钟书忙前忙后工作。到中午吃饭的时候，杨绛面对饭菜难以下咽了。等到晚饭要开的时候，杨绛还要回到自己连队去，最后只得啃了几口馒头回去了。总之，老夫妻的六十大寿过得非常没味道。

这段时间曾经发生了一件事，勾起了钱钟书夫妇回北京的愿望。有一天晚上，杨绛住处的一只猫逮住了一只老鼠，随后将这只老鼠刨开内脏丢在杨绛的床上。这是一件非常恶心的事情。杨绛把床单洗了好几次，依然心有余悸。等见到钱钟书之后，杨绛就把这件事告诉了他。想不到的是，钱钟书反复思忖之后说这是一个吉兆，说明杨绛要离开干校了。钱钟书的分析是，老鼠尸体和内脏分离，代表要离开“此地”。从钱钟书的分析可以看出，当时钱钟书夫妇非常想离开干校回到北京去。

临近年底的一天，钱钟书来到菜园告诉杨绛：北京给干校发来了电报，要求干校将一批“老弱病残”的人员送回北京。那份名单上有钱钟书的名字。当时，钱钟书时常去邮电所，邮电所的工作人员遇到难以辨认的字就向钱钟书请教。不管多么偏僻的地名和人名，钱钟书都能帮助解决，给邮电所帮了不少忙。为此，邮电所的同志就将这个消息透露给了钱钟书。可是，过了几天，钱钟书非常平静地告诉杨绛，回京的名单公布了，没有自己的名字。

当时，第一批回北京的名单有俞平伯夫妇、何其芳、吴世昌等，据说是周恩来总理的意思，担心这些人在干校时间长了身体扛不住。名单上开始确实有钱钟书，但后来可能是因为钱钟书的“黑材料”而最终被否了。

钱钟书夫妇没有就此灰心，依旧踏踏实实在干校苦度着艰难的光阴。

杨绛连队几名女同志的丈夫都和钱钟书在一个连队。遇到大的节日，连队也同意让夫妻们在一起吃饭庆贺一下。1971 年春节，杨绛的连队领导作出决定，准备让干校的人员吃一顿丰盛的年夜饭，还要将本连队女同志的丈夫邀请过来。春节那天，厨房的师傅们都使出了看家本领，做了很多好菜，有熏鱼、酱鸡、红烧肉、牛肉等很多平时都很难吃到的荤菜，另外还有一些凉拌的素菜，满满一大长方桌子惹人嘴馋的大菜。钱钟书过来吃得不亦乐乎，小黄狗小趋也在桌子底下跑来跑去。看着眼前的好菜美酒，尽管钱钟书和杨绛都不喝酒，杨绛感觉这次年夜饭一下子将老夫妻的六十大寿弥补过来了。

1971 年春节过后，上级来了命令，学部干校要搬家，要搬到信阳市北部的明港镇。那里曾经的中国人民解放军某团的营房，居住条件比息县的土坯房子好多了，但是有一点，干校人员养的狗不许带。这样一来，杨绛的小黄狗就必须送人了。当时，接管息县干校驻地的是解放军某部。钱钟书和杨绛将小黄狗托付给了解放军战士。

明港的营房相比息县的土坯房子有天壤之别。房子非常大，也非常高，玻璃窗，水泥地，房顶有一盏电灯泡。几十人住在大瓦房里，显得依旧空旷。厕所再也不是苇墙浅坑，上厕所也不需要排队了。

搬迁到明港镇之后，钱钟书和杨绛的住处中间就隔一排房子，只有五六分钟的路程。居住宽敞，伙食也比之前好了许多。另外，干校在明港镇没有劳动任务和具体的工作，除了偶尔集中学习，余下的时间无事可做，都可以自由支配。这样一来，钱钟书带来的书籍和笔记本都派上了用场。女儿钱瑗从北京不断向这里邮寄食物，还有各种外文报刊。傍晚的时候，钱钟书和杨绛一起散步。四周的景物美丽而幽静，比息县的菜园子好多了。也许，正是在这段时间，钱钟书开始在心中酝酿伟大的学术巨著《管锥编》。和历史上很多巨著的问世一样，钱钟书此时也经历了人生中最为艰难的一段路程。

干校的住处距离信阳火车站不远，步行只需一个小时左右，但没有组织的证明信，谁也不能随便离开，更不用说去买火车票了。有一段时间，钱钟书牙疼，杨绛也害了眼病，老夫妻就商议妥当，各自在连队请假到了信阳市医院。钱钟书到了牙科发现，医院发明了一种按摩拔牙的方法，用手指按一下，拔一颗牙，病人很痛苦。很多病人看到这种情景都不敢尝试，只好溜之大吉，钱钟书也不例外。钱钟书和杨绛感觉既然在干校请了假，为何不乘此机会游览一下信阳的名胜呢？二人就找了一个地方玩了一天，感觉非常愉快。

钱钟书的牙是不拔了，可杨绛的眼睛还需要诊治一下。于是，杨绛就再次找到组织请假看病，再次来到信阳医院，但医院对杨绛的眼病无能为力。没办法，杨绛回到干校就向组织说明情况，准备回北京看病。组织经过反复考虑，给杨绛准了事假，杨绛这才买到火车票返回北京。两年的遥想让母女二人望眼欲穿。尤其是钱瑗，在和母亲分别前痛失丈夫，孤身一人在北京无依无靠。这次看到母亲，钱瑗格外喜悦。

杨绛在北京医治好眼病后，带上女儿钱瑗来到信阳看望钱钟书。想不到的是，尽管提前写信告知了钱钟书，可母女二人到信阳下了火车竟然没有看到钱钟书迎接的身影。开始，杨绛以为是车站人多，可在车站转了几圈依旧找不到钱钟书。母女二人无奈之下就径直来到了干校。到了干校才知道，自从杨绛去了北京之后，钱钟书犯了气喘，还发了高烧。有人告诉杨绛，连队的医生学医时间不长，而且还不曾实习过。这次给钱钟书看病非常紧张。不过，竟然看好了。此举不禁让钱钟书感到吃惊，就连医生本人也连声称赞钱钟书是自己的救命恩人。

杨绛和钱瑗看到钱钟书病已痊愈，都非常高兴，随后钱瑗就返回了北京。

1972年3月，北京又一次给信阳的干校发来电报，要求将第二批“老弱病残”人员送回北京。这次回北京的名单里有钱钟书夫妇的名字。可以想象一下，公布这份名单的时候钱钟书夫妇当时的心情。杨绛在《干校六记·误传记妄》里这样记录当时要返回北京时的情景：

“据说，希望的事，迟早会实现，但实现的希望，总是变了味的。1972年3月，又一批老弱病残送回北京，默存和我都在这一批的名单上。我还没有不希望回北京，只是希望同伙都回去。不过既有第二批的遣送，就该还有第三批、第四批……看来干校人员都将分批遣归。我们能早些回去，还是私心窃喜。同伙为我们高兴，还为我们俩饯行。当时宿舍里炉火未撤，可以利用。我们吃了好几顿饯行的场团，还吃了一顿荠菜肉馄饨——荠菜是野地里拣的。人家也是客中，比我一年前送人回京的心情慷慨多了。而看到不在这次名单上的‘老弱病残’，又使我愧汗。但不论多么愧汗感激，都不能压减私心的忻喜。这就使我自己明白：改造十多年，再加干校两年，且别说人人企求的进步我没有取得，就连自己这份私心，也没有减少些。我还是依然故我。”

艰苦的岁月已经过去，但艰苦的时光往往在人生中留下的印象比较深刻。从钱钟书和杨绛告别干校的一举一动可以看出，夫妇二人对昔日干校的艰苦生活充满了无限的怀念。

辗转在北京

钱钟书夫妇从河南的干校返回北京的时间是1972年3月。这年7月，学部下放到干校的人员都回到了北京。

学部的人员回到北京后依然天天集中开会“学习”。“革命组织”允许之前的“牛鬼蛇神”可以在家“学习”，必要时需要到所里集中一下。这段时间，钱钟书开始撰写学术巨著《管锥编》，杨绛开始继续翻译《堂·吉诃德》余下的部分。女儿钱瑗在北师大教学，每天早出晚归。

回到北京之后，钱钟书继续和居住在自己家里的另一家人合住。结果，双方矛盾开始逐渐升级，以至于到后来发生了冲突。双方的冲突在知识界闹得沸沸扬扬，两家都感觉面上无光。此事放到21世纪让人们想一下，两家人合住在一套单元楼房里，还不是合租，时间一久，难以想象那样的生活会怎样发展。因此，这样的生活发生冲突似乎是一种必然。但不管怎么说，当时发生冲突之后，两家人几乎都感觉身边像埋着“定时炸弹”随时都有“爆炸”的危险。在这样的人文环境下生活实在太压抑，让人难以承受。两家从此无法相处。

可是，经历过20世纪70年代生活的人都知道当时的房子紧缺到什么程度，不然也不会出现在一套房子里居住两家的情况。因此，无法居住是事实，可要摆脱这种局面，钱钟书夫妇一时还真没有其他办法。

此时，女儿钱瑗想出了一个主意。她在北师大宿舍里有个床位，平时都在午饭之后到那里休息。房间面朝北，现在正是冬季，所以屋内气温很低，时下没有人居住。短暂的商议之后，钱钟书夫妇决定转移。当时是在夜里。杨绛在《我们仨》里这样描述当时一家三口紧张逃走的情景：

“……我们立即决定逃走。我们收拾了几件必不可少的东西，每人拿一二小件。我们商量好如何逃跑，伺机行事。将近11点，那女人大概是等得不耐烦了，我们忽由窗里看见她骑车走了。我们轻轻开个门缝看看，过道里没人，男的在房间里呢。我们只需逃出大门就不怕，因为在这扇大门以内，我们有理说不清；大门以外，邻家有人，有目共睹，我们不用怕。钱瑗打先锋，她轻轻地开了我们屋子的门，轻而快地过去开了大门，钟书紧跟在后，我殿后。我们房间的锁很复杂，得向左转，又向右转。我也轻快地锁上了门。三人紧贴着溜出大门，我轻轻把大门关上，然后三人一连串走下楼梯，一同喘了一口大气，我们逃出来了！”

按照杨绛的回忆，钱钟书一家的这次转移行动向学部领导作了汇报并得到了允许，时间是在1973年12月9日。这件事给杨绛留下了非常深刻的印象，也是“文革”时期在人们心中留下的深刻印记。

我们难以想象一家三口当时如何将家里生活必需品搬下楼的。要知道，当时钱钟书和杨绛都年过花甲，女儿钱瑗即便是在青壮年可也是女人。这样的一家三口，并且还是在夜间，在那种环境下将家里必需品都搬了出来，实属不易。

东西办下来之后，钱钟书夫妇就雇了一辆三轮汽车，一路颠簸来到了北师大，当时时间是在下午 4 点。钱瑗领着父母来到了那间宿舍，是三楼朝北的房间，因为许久没人居住而显得脏乱而阴寒。不过，听到动静，楼里的人们都出来看望钱瑗的父母。了解到实际情况之后，钱瑗的同事们纷纷伸出了援助之手。生活的必需品很快从四面八方送到了房间里，从床上的被褥到厨房的锅碗瓢盆，再到冬天的煤炉子和煤饼（当时的北京燃气还没有普及）。看到这种温馨的场面，钱钟书夫妇倍感欣慰。在寒冷的冬天历经人间情感变故后，夫妻二人感觉到了女儿朋友的温暖。

尽管年过花甲，但杨绛的手脚依然很利索。看到家里这么多人都来帮忙，她就准备拿水和抹布擦拭房间的尘土。可就在这时，杨绛忽然感觉到了不适，原来她流鼻血了。从当时的情况分析，杨绛流鼻血属于急火攻心和心力交瘁。原来干面胡同家里的那场冲突给她造成心理上的极大创伤，心理压力也很大。

杨绛反应非常机敏，看到手绢上有了血迹，马上捂住鼻子，随后询问洗浴室位置说要洗手。钱钟书拿了洗手盆从楼道水龙头接了半盆水。杨绛就以手太脏、水太少的理由来到了四楼洗浴室。通过冷水冰脑门和洗手绢，杨绛把流鼻血的事情掩盖了过去，随后若无其事一般回到了三楼乱哄哄的房间。

经过收拾，脏乱的房间总算像一个家的样子了。房间干净了许多，碗碟也变得干干净净。傍晚，煤炉子也生起来了。钱瑗到食堂买了一些饭菜，杨绛在炉子上加工一下，一家人坐下来开始吃晚饭。家庭的温馨弥漫了整个房间，温暖再次流入一家三口的心田。至此，钱钟书夫妇再也不会因为女儿早晚挤公交担心了，女儿也不用为生活在备受压抑的环境下的父母而揪心了。即便是临时的家，但同样是一家三口避风的港湾。

时间正在走向深冬，气温还在不断下降。北师大宿舍不知怎么回事时常停电，而停电之后接下来就会停暖。钱钟书一家转移比较匆忙，过冬的衣物带得不多。杨绛考虑到钱钟书在河南干校曾经得过哮喘，担心寒冷会让疾病复发，所以需要回干面胡同取一些衣物御寒。杨绛不愿意让钱钟书回去拿，担心他拿一些不该拿的，而该拿的反而没拿过来。杨绛自己去又担心有些事说不清。反复思忖之后，杨绛就想到了单位的转业军人老侯。老侯同志个子高力气大，有些事绝对可能扛得住。杨绛就让老侯一路护送到干面胡同取了一些御寒衣物，然后回到了北师大。

此间又发生了一件喜忧参半的事情，让钱钟书一家人情感上波动很大。当时，北师大的教职工宿舍在小红楼里，条件比学生宿舍好一点，而钱钟书一家居住的是学生宿舍。钱钟书一家人搬过来没多久。钱瑗的一个同事的华侨朋友出国了，准备将自己的小红楼让给钱瑗的同事居住。钱瑗的这位同事了解到钱瑗此时的情况之后，主动提出让钱钟书一家到小红楼的两间房里居住。这对钱钟书一家人来说绝对是一件好事，可接下来发生的一件事让一家人心惊肉跳。

事情是这样的。钱钟书夫妇看了那两间房之后，感觉比学生宿舍好多了。不仅是两间房，而且阳光也比较好，于是决定马上搬过去。一家人收拾东西，开始搬家。钱钟书看到别人很忙，自己插不上手，就拿笤帚去扫房间里的尘土，忘记了自己之前的哮喘病。当杨绛发现后已经晚了——钱钟书吸入的尘土已经不少了，加之连日的严寒导致的感冒，钱钟书的哮喘病已经发作了：喘息得很厉害，以至于无法平躺下入睡，必须要用衣物或者被褥之类的东西将上半身支起来。严重的时候甚至无法在床上歇息，必须要不停走动。需要说明的是，当时看病也划分了等级。之前，钱钟书属于国家一级研究员，看病可以到头等医院。“文革”之后，钱钟书成为“牛鬼蛇神”，医疗关系不断下降级别，后来看病只能到街道上的小医院了。那里的医生对哮喘之类的大病无能为力，只能给钱钟书开一点药，并不管用。钱钟书病情越来越重，呼吸声音非常大。小红楼条件比学生宿舍好一点，但照样停电停暖，过低的温度更加深了钱钟书的病情。

钱钟书哮喘病很严重，后来发展到几天几夜无法入睡。杨绛担心钱钟书出什么事，就一直陪着他。可有一次杨绛忽然听不到钱钟书沉重的呼吸声了，她马上跳了起来，结果发现钱钟书趴在了桌子上，什么声音也没有。杨绛马上走过去，上前轻轻地摸了一下钱钟书的手，结果钱钟书随后就再次开始了沉重的呼吸。原来，钱钟书连续几天无法休息，实在是疲惫极了就打了一个盹儿。1974 年 1 月 18 日下午，杨绛感觉到钱钟书的呼吸和平时相比更加严重了，非常急促，沉重的声音惊扰了旁边的邻居。在邻居的提醒和帮助下，杨绛下决心让钱钟书上医院。杨绛在《我们仨》里描述了当时的情景：

“……多亏两家邻居，叫我快把‘爷爷’送医院抢救。阿瑗恰好下班回来，急忙到医院去找大夫，又找到了校内的司机。一个司机说，他正要送某教师到北医三院去，答应带我们去抢救病人。因为按学校的规则，校内汽车不为家属服务。

我给钟书穿好衣裳、棉鞋，戴上帽子围巾，又把一锅粥严严地裹在厚被里，等汽车来带我们。左等右等，汽车老也不来。我着急说：‘汽车会不会在医院门口等我们过去呀？’一位好邻居冒着寒风，跑到医院前面去找。汽车果然停在那等呢。邻居招呼司机把车开往小红楼。几位邻居扶着钟书，把他推上汽车。我和阿瑗坐在他两旁，另一位病人坐在前座。汽车开往北医三院的一路上，我听着钟书急促的呼吸随时都会停止似的，急得我左眼球的微血管都渗出血来了——这是回校后发现的。

到了医院，司机帮着把钟书扶上轮椅，送入急诊室。大夫给他打针又输氧。将近四小时之后，钟书的呼吸才缓过来。他的医疗关系不属北医三院，抢救得性命，医院就不管了。钟书只好在暖气片的木盖上躺着休息。

送我们的司机也真好。他对钱瑗说：他得送那位看病的教师回校，钱老师什么时候叫他，他随叫随到。钟书躺在宽仅容身的暖气片盖上休息，正是午夜12点。阿瑗打电话请司机来接。司机没有义务大冬天半夜三更，从床上起来开车接我们。他如果不来接，我们真不知怎么回小红楼……”

在北师大许多亲友的照顾下，钱钟书的病情得到控制，沉重的呼吸声变得正常了，能够在床上歇息，还能在杨绛的搀扶下到医院去检查和打针。

钱钟书一家在小红楼住处有两家邻居，孟家和熊家，在一起相处非常融洽。孟家有个五岁小男孩，熊家有个小孙子，两个孩子时常来到钱钟书家里玩。当时，钱钟书因为生病的缘故，很长时间不能去理发，一副病态，让人看到后很不舒服。可是，熊家的小男孩非常喜欢钱钟书，只要看见钱钟书就会伸出手来要“爷爷”抱，此举让钱钟书非常高兴。熊家老太太也说：“瞧！他尽对爷爷笑！爷爷的病一定好得快。”

这确实是一个吉兆，可实际情况远非这么乐观。熊家老太太发现钱钟书上厕所经过她家门口时左右摇晃，得亏过道比较窄，钱钟书左右可以扶靠墙，不至于摔倒。熊家老太太就叮嘱杨绛要留点心。杨绛也感觉搀扶钱钟书到医院时，钱钟书几乎都要依靠在自己身上，以至于无法扶动他。钱钟书看书写笔记，手无法按照心想的去做，字写得歪歪扭扭且不成行。后来，杨绛发现钱钟书舌头有些肿胀，话也说不清了。杨绛非常担心，就让北师大的校医看了看。校医说，最好去医院检查一下。

杨绛反复思忖，就委托亲友们首先在北京的两个大医院挂了号，然后到学部文学所找了两个年轻人，一起搀扶着钱钟书去事先约定好的理发馆（不约定的话担心等的时间过长）理了发，接下来才到两个医院分别做了检查。结果，两个大医院的诊断结果一样：钱钟书因为哮喘导致大脑皮层缺氧硬化。尽管无大碍，但无法诊治，需要休息一年之后根据情况再做处理。钱钟书大脑没有受到损伤，也没有长什么东西。

杨绛悬着的心终于放了下来，接下来她考虑到，钱钟书需要休养，而此时北京各个单位的房子都很紧张。钱钟书居住在北师大小红楼已经度过寒冬，不好意思再在别人家的房子居住下去。毕竟，春天已经到了大门外。所以，杨绛考虑应该向学部文学所找房子居住。

“斯是陋室”

杨绛找到学部文学研究所，向军宣队说明家里居住情况和钱钟书的身体状况，然后得到了一间可以居住的办公室，位置在学部七号楼一层最西头。杨绛再次请同事老侯出面保驾，回到干面胡同取了一趟东西，然后在文学研究所和外文研究所的一些年轻人的帮助下打扫了房间，擦拭了门窗，挂上了窗帘。年轻人担心初春气温低会惹得钱钟书哮喘病复发，还特地给钱钟书夫妇安装了炉子，还装上了风斗，到煤场拉来了很多蜂窝煤。

1974 年 5 月 22 日，钱钟书和杨绛告别了北师大的左邻右舍和亲朋故友，来到了学部居住。学部的工作人员、钱钟书的同事钱碧湘这样回忆当时的情景：

“他们住的这间屋，原是外文所的杂物间，位置数全楼最差：底层最靠西，南墙开一门一窗，北墙又开一窗，最是阴冷难耐，冬天暖气又烧得不热。钱先生在弃家‘流亡’后不久，就因受累受寒引起哮喘病大发作，送进医院抢救，幸得转危为安。但他大脑皮层受损，语言、行走都有困难。迁入学部大院时，他病体尚未完全康复，走路仍然不稳，杨先生都不敢让他一人走出去上公共厕所。老夫妇俩一人一张行军床，北窗下放了一张借来的书桌供钱先生使用，角落里放一张小书桌归杨先生使用，二人艰难度日。”

搬到学部之后，钱钟书的身体还没有彻底恢复过来，衰弱的身体无法支撑他走过堆满东西的楼道走廊，依然足不出户。住在这里虽然有些简陋，但对钱钟书夫妇来说足足可以安居乐业了。住到这里之后，钱钟书夫妇很快发现文学研究所的图书资料室就在对面的六号楼。当初，钱钟书曾经担任过文学研究所图书资料委员会主任，选书和买书都是他一手策划的，诸如中文善本、孤本之类的书籍，英、法、德、意等国家的外文经典作品，现当代的主流作品……一应俱全，藏书相当丰富。一些外宾来到学部看到后都惊诧文学所图书资料的丰富。此时，管理图书资料的有一位年轻人之前曾经去北师大帮过钱钟书夫妇的忙，彼此不仅熟悉，关系还非常好。另外，杨绛所在的外文研究所距离钱钟书夫妇的这间住处也不远。因此，钱钟书夫妇感觉在学部住下后非常方便。

搬到学部的办公室的一段时间里，或许是环境变化的原因，钱钟书的“大舌头”恢复正常了，两只手的活动也在慢慢恢复，渐渐地发展到可以写字了。钱钟书的双脚尽管还无法行走，可他能够继续撰写学术专著《管锥编》了。如此一来，杨绛也可以抽出时间继续翻译《堂·吉诃德》了。对这个饱经风霜的家庭来说，寒冷的冬天已经过去，春日的光辉已经洒在这个简陋家庭的每个角落。

搬到学部还不到一个月时间，钱钟书家里迎来一件大喜事：女儿钱瑗结婚了！事情的根源还要从钱钟书夫妇下干校时候说起。当时，

“文革”正在轰轰烈烈地开展，有一个老太太在红卫兵的迫使下扫马路，看起来非常艰难。钱瑗是个热心肠，就帮助这位老太太解决了很多困难。老太太是一位著名工程师的夫人，接受过高等教育，精明能干，她发现钱瑗是个好人。双方互相了解情况之后，老太太看中了钱瑗，准备让钱瑗到自己家做儿媳妇。钱瑗执意不肯。待到钱钟书夫妇从干校回到北京之后，老太太再次登门找到杨绛夫妇说明情况，还将儿子领过来介绍给钱钟书夫妇。钱钟书和杨绛都同意了，可钱瑗不想结婚。在杨绛的劝说下，钱瑗最终答应了下来。等钱钟书夫妇搬到学部办公室居住后，女儿拥有了美好的家庭，了却了钱钟书夫妇的一桩心事。

1974 年 11 月的一天，钱钟书的“陋室”来了一位客人，此人就是著名诗人、时任中宣部文艺处处长、文化部艺术研究所负责人的袁水拍。袁水拍向钱钟书传达江青的指示：毛泽东诗词翻译五人小组还没有解散，钱钟书需要把工作完成。杨绛这才回想起来，毛泽东诗词翻译工作是从 1964 年在周恩来总理领导下开始的，当时著名外交家乔冠华还曾经用汽车送钱钟书回家，也顺便到钱钟书家里坐了一坐。“文革”开始之后，这项工作也停了下来。如今，这项工作再次被提上日程。杨绛考虑之后就把钱钟书的病情做了介绍，言说钱钟书无法出门工作。袁水拍就表示，五人小组可以来“陋室”工作。

钱钟书和杨绛的“陋室”的确非常简陋。门口挂着夏挡蚊蝇冬挡风的竹帘子。进门是一个洗脸盆架，旁边是小水桶和小水缸。两壁都是借用的铁书架，而且都没有横格。当初，是学部的几位青年人使用干校带回来的木头箱子在铁书架上横七竖八做成的格子，里边可以放一些书和笔记本。顶着西墙横放着两张行军床，最上面放着多种大部头的字词典，中间一个木头箱子又当床头柜又当衣柜。北边窗户下放着的是杨绛用来工作的只能放下一沓稿纸和一本书的小书桌。房间里唯一空闲的地方放着煤炉子，旁边还有蜂窝煤球。

在这样的环境下，毛泽东诗词翻译五人小组同样需要完成工作。杨绛在《我们仨》里非常风趣地描述了这个“非同寻常的工作小组”当时的工作情景：

“叶君健不嫌简陋，每天欣然跑来，和钟书脚对脚坐在书桌对面。袁水拍只好坐在侧面，竟没处容膝。周珏良有时来代表乔冠华，他挤坐在钟书旁边的椅上。据说，‘钟书同志不懂诗词，请赵朴初同志来指点指点’。赵朴初和周珏良不是同时来，他们只来过两三次。幸好所有的人中没一个胖子，满屋的窄道里都走得通。毛主席诗词的翻译工作就是在这间陋室里完成的。

袁水拍同志几次想改善工作环境，可是我和钟书很顽固。他先说，屋子太小了，得换个房子。我和钟书，一个说‘这里很舒服’；一个说‘这里很方便’。我们说明借书如何方便，如何有人照顾等等，反正就是表示坚决不搬。袁辞去后，我和钟书咧着嘴做鬼脸说：‘我们要江青给房子！’然后传来江青的话：‘钟书同志可以住到钓鱼台去，杨绛同志也可以去住着，照顾钟书同志。’我不客气地说：‘我不会照顾人，我还要阿姨照顾呢。’过了一天，江青又传话：‘杨绛同志可以带着阿姨去住钓鱼台。’我们两个没有心理准备，两人都呆着脸，一言不发。我不知道袁水拍是怎么回话的。”

在钱钟书家的“斯是陋室”里，五人小组终于完成了毛泽东诗词的翻译工作。接下来是庆功会以及到全国各地征求意见，钱钟书不再是必须参加的事情了。1975 年国庆节，钱钟书接到国宴的请柬，但是他请了病假。下午，袁水拍来到了钱钟书家传达江青的指示：专车接送钱钟书夫妇去游园，钱钟书推辞说有病无法参加。袁水拍就邀请杨绛去，杨绛就推辞说国庆节阿姨放假，自己需要照顾钱钟书的饮食起居。

1975 年冬天的一天，钱钟书在睡梦中感觉到了煤气味道，就急忙爬起来想去打开窗户透气，可刚一起来就感觉头晕，随后摔倒了，脑门摔在暖气片上，身体倒了下去。声音惊醒了杨绛，她迅速穿好衣服，首先给跌倒在地的钱钟书裹上御寒的棉衣，随后打开了窗子。接下来，杨绛给钱钟书戴上帽子，再裹上大衣，然后夫妻二人就一直坐到天亮。

1976 年，国家处于多事之秋，三位国家领导人的相继逝世加上唐山大地震，让中国人从内心深处感觉到了极大的震撼。钱钟书夫妇居住的办公室属于危房，之前用作储藏室时生暖气把墙体胀裂了，南北墙都出现一条大裂缝，但外层有泥灰，所以并不漏风。不过，这栋楼房是用混凝土浇筑而成的，并不是预制板楼房，而且只有两层，因此并不惧怕地震。相比之下，外文所的楼房在余震之下就显得不怎么安全了。所里的年轻人都来到圆穹顶大食堂居住，还把钱钟书夫妇的行军床和一些生活必需品也搬了过来，为老两口占据最为安全的地方。此时，钱钟书家的阿姨不再来做饭了，外文所的年轻人就轮流请钱钟书夫妇吃饭，此举让没有在外文研究所工作过的钱钟书非常感激。后来，女儿钱瑗带着女婿来看望钱钟书夫妇，并请两位老人到自己家去居住。学部的人都欢送钱钟书和杨绛，让两位老人倍感温馨。

1976年11月20日，钱钟书的《管锥编》初稿已经完成，杨绛的《堂•吉诃德》也全部定稿，这两部著作都是在学部“陋室”里撰写和翻译的。两位老人在女儿家里居住了几天之后再次回到学部“陋室”。在这里，钱钟书修订学术著作《管锥编》查阅资料比较方便。

《管锥编》

钱钟书在河南干校期间就开始酝酿《管锥编》的创作，这一点可以从钱钟书的笔记上看出来。从河南干校回到北京之后，钱钟书才开始动笔撰写这部学术巨著，最终在学部“陋室”完成。从这个角度说，《管锥编》是“文化大革命”时期的产物。

《管锥编》通篇用文言文撰写，这一点和当时的人文环境有直接关系。当时，“文革”如火如荼，《管锥编》如果使用白话文撰写，通不过审核的可能性很大。因此，钱钟书经过反复思忖，最终决定用比较深奥的文言文撰写。这样一来，“红卫兵”小将们就看不懂钱钟书有关《管锥编》的读书笔记，难以干涉《管锥编》的撰写，让这部学术巨著最终在“文革”后的1979年8月由中华书局出版。

“管锥”两个字源自《庄子·秋水》，其解释来自记述中国古代史实、传闻的著作《韩诗外传》中的一句话：“譬如以管窥天，以锥刺地——所窥者大，所见者小，所刺者巨，所中者少。”这句话比较详细地说明了管锥的意思。

《管锥编》全书大约一百三十万字，论述范围从先秦到唐朝之前，通篇使用文言文以读书笔记的形式撰写，辑录著作有《周易》《毛诗》《左传》《史记》以及诸子百家的著作等，对这些古代典籍进行了较为详细的考证和诠释。在书中，钱钟书引注了四千多位学者的一万多种著作的言论。除了文学，《管锥编》还涉及社会科学和人文科学，内容从考论词章及义理的角度出发，将时间、空间、语言、文化和学科融会贯通地糅合在一起，其中不乏钱钟书个人的很多独到见解。在《管锥编·序》里，钱钟书这样说：

“瞥观疏记，识小积多。学焉未能，老之已至！遂料简其较易理董者，锥指管窥，先成一辑。假吾岁月，尚欲赓扬。又于西方典籍，褚小有怀，绠短试汲，颇尝评泊考镜，原以西文属草，亦思写定，聊当外篇。敝帚之享，野芹之献，其资于用也，能如豕苓桔梗乎哉？或庶几比木屑竹头尔。命笔之时，数请益于周君振甫，小叩辄发大鸣，实归不负虚往，良朋嘉惠，并志简端。”

细看《管锥编》的序言，很短，但引用的典故很多，没有涉及钱钟书本人当时所处的人文环境和自身的丝毫情况。难怪著名作家吴组缃看了《管锥编》之后对钱钟书说：“你的著作里什么都有，就是没有自己。”钱钟书很快寄给吴组缃一套《管锥编》并附言说：“我的书，你都没有读懂。”

在《管锥编·序》里，钱钟书用委婉而曲折的言辞暗示了当时的时局：“豕苓”和“桔梗”是两种中医药材，是用来治病的。钱钟书用敝帚野芹来代表自己的文章，说对时势完全无补，可读者如果细心考究一下就会发现，所谓“木屑”“竹头”似乎并不是没有一点用途。这个典故出自《晋书》的陶侃传：陶侃监督工匠们造船的时候，曾经下令说所有的木屑和竹头都不许丢弃，必须保存下来。许多年之后人们才明白陶侃的苦心：在朝廷一次举行大典时，地上全是融化的雪，泥泞不堪，而此时木屑派上了用场。竹头在建造另一些船的时候可以当钉子用。钱钟书使用这样的典故，用意含蓄而独到。

在内容上，《管锥编》不仅贯通文史哲等社会科学，还融会了西方文化的因素。序言引章会典，言精语妙，思深意远，说出了钱钟书撰写《管锥编》的目的和用途，即通过对古籍的笺注，探究人类的本性与观念，“非好学深思者，勿克心领神会”。

钱钟书是国文大家，现代中国的文化昆仑，他对西方文化也有很深的了解，《管锥编》是其代表作。创作初期，正是中国“文革”兴盛时期。当时的政治运动对于中国传统文化和西方文化都处于一种别样的敌视态度。能从思想上梳理中国自古以来的文学理念，并且把这些理念与西方文学理念通过某种思想渠道融合在一起，让中西方人同此心，心同此理，在当时的文化背景下绝对属于一种反潮流的思想，撰写这样的书籍需要极大的勇气。更为可敬的是，钱钟书撰写这部专著的时候缺乏资料工具，需要采用做笔记的形式，并且还采取一般人无法看懂的比较深奥的文言创作完成，用迂回的方法完成了这部著作。美国著名的汉学家、《管锥编》英译者艾朗诺先生这样评价钱钟书及其作品《管锥编》：“我们了解钱先生作《管锥编》时候的心情，便知道他此处是有的放矢的，这些话是带着伤痛写的。”

《管锥编》言辞比较深奥，段落也比较长，没有小标题，让一般的读者读起来有一种压抑的感觉。在整体构思上，《管锥编》承袭了清代札记的写作手法，诸如顾炎武《日知录》、钱大昕《十驾斋养新录》、王念孙《读书杂志》、俞正燮的《癸巳类稿》等等，都属于中国古典书籍的读后笔记。《管锥编》和其他读书札记不同的是，钱钟书在内容上除了引述中国各朝代不同体裁的文章之外，还大量引用了英文、法文、德文、意大利文、西班牙文、希腊文、拉丁文等一些西方文化材料，围绕典籍里的某一句话或者某一个观点，然后展开旁征博引，通过经书、文学、政治、思想史、制度史、文字学、社会风俗等各方面的见解展开论述，每篇都围绕一个主题，上篇和下篇的内容往往没有关联。在这部著作中，钱钟书选定要论述的章段或者观点之后，下一步就引述中国文献、西方文献中相似或相反的例子加以论述，让读者从不同的角度来体会和思考，最后做出结论。这样的风格给读者一种随心所欲的感觉，而这恰恰正是自古以来中西方学者们所追求的一种思想境界。

《管锥编》内容涵盖了中国十种古典书籍。钱钟书选择了《周易》《诗经》，绕过《春秋》《尚书》《礼记》《周礼》和《汉书》而选择了《左传》和《史记》。在后半部，钱钟书使用了大篇幅开始论述清代学者很少论述的《太平广记》和《全上古三代秦汉三国六朝文》。钱钟书是从中国传统文化的学术观点经史子集来选择的典籍。其中经类包括《周易》《诗经》和《左传》，史有《史记》，子里面包括《老子》《列子》和《易林》，余下的《楚辞》《太平广记》和《全上古三代秦汉三国六朝文》属于集类。更加难能可贵的是，钱钟书所选择的古代典籍中，《周易》是经书之首，而《史记》又是史书之首，《老子》是历代学者认同的子书之首，《楚辞》就是集书之首。这种方法，给读者一种贯穿中国古典书籍文化的感觉。难怪有人看了《管锥编》之后忍不住惊呼："其内容之渊博，思想之开阔，联想之活泼，想象之奇特，实属人类罕见。一个人的大脑如何能记得古今中外如此浩瀚的内容？一个人的大脑怎么能将广袤复杂的中西方文化如此潇洒自如地连接起来？"要知道，一部《管锥编》总共引征了四千多位学者的一万多种著作，其中西方的学者就多达一千多人，涉及一千七百多种著作。

在论述中，《管锥编》通过对一些系统化的文化传统思想产生怀疑，然后开始论证自己的学术观点，引导读者通过一些篇章来搜寻文学、美学的思想和价值。从钱钟书论述的观点中可以发现，他对清代一些学者观点很感兴趣，时常引用他们的一些章句，但同时在论述中又对清代学者的一些观点加以批驳，原因是清代一些学者往往将文学和历史混淆在一起。钱钟书在《管锥编》非常明确地论述了自己的见解，即文学的灵魂和历史的真实是截然不同的。对清代学者对古人的评述方法，钱钟书也持有不同的见解。钱钟书感觉，清代学者从著作来评论古人是片面的，需要从古人的言行和整体以及当时所处的社会环境来下定论。

《管锥编》是钱钟书在 1971 年开始动笔的，但搜集材料和读书笔记绝对是在那之前。值得肯定的是，著作中没有涉及一点当时的“文革”氛围，这一点有点类似于抗战时期的《谈艺录》。当初，钱钟书在 1942 年撰写《谈艺录》时，正值中国抗日战争时期，但《谈艺录》没有提及当时的战争氛围，不过在《谈艺录•序》中有这样隐晦的一句话：“《谈艺录》一卷，虽赏析之作，而实忧患之书也，”接着说：

“既而海水群飞，淞滨鱼烂。予侍亲率眷，兵罅偷生。如危幕之燕巢，同枯槐之蚁聚。忧天将压，避地无之，虽欲出门西向笑而不敢也。销愁舒愤，述往思来。托无能之词，遣有涯之日。以匡鼎之说诗解颐，为赵岐之乱思系志。”

钱钟书借用前汉学者匡鼎的典故，含蓄地向读者说明自己撰写《谈艺录》时所处的环境。在《管锥编》里，钱钟书用典雅的语言、迂回隐晦的方式向读者暗示了自己的思想，让读者明白这种思想是某些人难以接受的。从这个角度出发，我们可以想象钱钟书本人对“文革”是反感的。这一点，从《管锥编》的一些篇章可以看出来。在论述《老子》的章节里，钱钟书对老子的“愚民”政策、歪曲语义的做法大加抨击，此举让读者联想起“文革”时期的一些现象。

钱钟书学识渊博，这一点在《管锥编》里发挥得淋漓尽致。比如在论述嫉妒时，钱钟书引用了很多的古典典籍：西汉司马迁《史记·扁鹊仓公列传》：“女无美恶，入宫见妒；士无贤不肖，入朝见嫉”；唐朝白居易诗：“未容君王得见面，已被杨妃遥侧目”；明代黄道周：“嫉妒生于利欲，而不生于贤美。小人嫉利而不嫉贤，悍妇妒欲而非妒美。君子之祸，缘名位而非才能，小人之性，有怨争而无嫉妒”；清朝陆次云诗：“外庭新进美人来，奉诏承恩贮玉台，闻道天颜无喜色，六宫笑颜一时开”；后边还引用了西方意大利小说里的言辞：“唯嫉妒无药可医”。这样搜罗万象的资料，可以让读者从不同的角度来体会和琢磨嫉妒的深意，了解中西方文化对于嫉妒的诠释。

其间，钱钟书阅读大量的古代文献，对每本书所载的内容都进行了详尽缜密的考证。有时候，钱钟书还通过实践来证实古书中的一些事情。一次，钱钟书翻阅《太平广记·杨素篇》时，对书中的“破镜重圆”产生了怀疑。钱钟书感觉非常结实的古铜镜不会“一分为二”。反复思忖之后，钱钟书看到了书柜上摆放的一面古铜镜，就走过去拿起古铜镜摔到了地上，结果没有摔坏。听到动静的杨绛赶忙过来询问，钱钟书不回答。杨绛发现地上的古铜镜就拿起来递给钱钟书。钱钟书接过开始自言自语：“怎么摔不成两半呢？”杨绛这才明白钱钟书的用意。结果，钱钟书把自己收藏的古铜镜都拿了出来摔了一遍，最终确定古铜镜并非像隋代的笑话集《启颜录》所说的“堕地分二片”那样，随后将自己的实践过程和读书笔记写入《管锥编》中。

值得一提的是，著名考古专家和金属材料专家金相了解情况后，对古铜镜“一分为二”做了科学分析。他认为古铜镜的制作材料是是铜配锡，还有其他金属材料。在使用一段时间后，镜面就会氧化而模糊，需要重新打磨才能光亮如新。磨得多了就会越来越薄，铜镜一分为二也并非不可能。不过，钱钟书的这种严谨认真的治学精神值得后人敬仰。

钱钟书享有比喻大师的美名，在创作中，钱钟书善于运用美妙绝伦的比喻，因此对于修辞研究也有所建树。比如古代文艺作品中时常使用而现在文学作品很少见的通感修辞，钱钟书在《管锥编》里对这种修辞手法也做了专门的论述：“五蕴异趣而可同调，分床而亦通梦，此官所接，若与他官共，故‘声’能具‘形’”；“寻常官感，时复‘互用’，心理学命曰‘通感’”。

另外，《管锥编》的内容涉及了很多具有神话色彩、封建迷信的民间习俗，钱钟书从哲学的观点以及民俗文化的角度对这些进行了分析，并提出了非常独到而很有趣味的见解。比如《太平广记》里有很多关于鬼死的事情，钱钟书这样论述：“鬼亦有死之说，由来已久，然在蒲松龄以前，似未有本斯意弄狡狯以出奇者。”有关迷信的观点论述也有，比如：“天道”“左氏之‘怪’‘巫’……神不聪明正直”“‘媚道’与‘射刺’”“天上乐不如人间”“人间天上日月迟速不同”“怨天”“妙画通灵”“文人入地狱”等。

《管锥编》中涉及内容包罗万象，不仅对古代中国典籍做了详细的考究，还对中国的传统文化做出了独到的分析。在“文革”“破除封建迷信”和“破四旧”的口号响彻云天的时期，钱钟书能酝酿这样的思想，实属不易。

著名的洋“钱迷”、美国著名汉学家、加州大学教授艾朗诺曾经将部分《管锥编》翻译成了英文版。当时，艾朗诺的哈佛大学老师、钱钟书清华大学的学友方志彤曾经向艾朗诺推荐钱钟书的著作。方志彤了解钱钟书，也了解艾朗诺。或许，方教授从这二人之间感觉到中国传统文化向西方传播的渠道。艾朗诺通过研究《管锥编》发现，这部关于中国传统文化的学术著作尽管享誉世界，但在中国能看懂的人并不多，仅限于专业人员。要让西方读者接受，需要费一番心思。为此，艾朗诺撰写了长达二十三页的《管锥编·导言》，首先向西方读者介绍了钱钟书的简历和主要著述，接下来介绍了《管锥编》的结构内容和钱钟书严谨的治学方法，让读者有了“未见其人先闻其声”的感觉。在导言里，艾朗诺这样介绍《管锥编》：“给钱钟书先生博大精深的著作《管锥编》提供一部较为简明的读本，所选章节在翻译过程中尽量保持原作风格，以引起专业和非专业的英语读者的阅读兴趣。尽管这些篇章只占中文原书的很小的一部分，可《管锥编》中非常有价值的部分已在其中。”

艾朗诺的翻译本出版后，哈佛大学出版社首先给《管锥编》很高的评价：“《管锥编》在 1979 年出版后就被公认是本世纪关于中国古代传统文化最有洞察力的著作。作家、学者钱钟书被评为中国当代文化第一人，《管锥编》则是他研究中西古典文学的巅峰之作。……选本翻译来自钱钟书《管锥编》的六十五篇文稿，让这部博大精深的读书笔记巨著首次有了有代表性的英文译本。”

一位来自英国牛津的读者在阅读《管锥编》英译本之后，发表了一篇题为《发现钱钟书》的书评。他这样评价《管锥编》英译本：“钱钟书中文版《管锥编》是采用类似于拉丁文、古希腊文的古汉语撰写的，这种奇妙的语言在中国人的日常生活中已经不常用了。可是，对于能够阅读、自由驾驭古代汉语的人来说，读到《管锥编》绝对是一种幸运。大多数中国人无法看懂中文版《管锥编》，可是，懂英语的能够读到英语读本，那就更加幸运了……”

在美国留学的台湾青年桑梓贤读到中文版《管锥编》和其英译本之后也写了一篇书评。他这样说：“阅读中文版五册《管锥编》用了八年时间，而读完英译本《管锥编》后感觉，艾朗诺先生对汉语的理解程度非常准确。”他认为，钱钟书通过研究比较文学感觉到：研究、理解和欣赏人类思想的每一个环节都可以给我们带来愉悦。只要通过诚心的阅读，就可以从一片混乱的思想观点中神奇地提升对人性的认识水平。桑梓贤感觉，《管锥编》英译本比中文版要容易理解，让读者更容易接受一些。

在阅读中文版《管锥编》之后，艾朗诺先生曾经这样评价：

“……《管锥编》所继承的随笔传统。以前中国最有学问的随笔、札记是清代的考证派学者写的，我一直在想，钱先生写《管锥编》的时候针对的是谁？他在跟谁辩论？我觉得钱钟书就是在同清代学问最好的学者争论。那么争论什么呢？钱钟书很反对考证派把文学当作历史的观念，这种观念不承认文学有其独立性和独立价值。清代人研究杜甫，就必须考出来他今天写这首诗的生活背景，而受到他们影响的后世学者研究《红楼梦》，也就一定得先把曹雪芹的家世背景弄个一清二楚。《管锥编》的一个很重要的主题就是引用西方文学的例子，来证明清代学者对自己国家的文学传统的误会。我觉得这也许是他最基本的目的。

钱钟书的第二个目的是要指出不同的语言、审美原则或者思想中的相同趋向。我们当然对‘人类普遍性’这样大而化之的概括都有警惕性，钱钟书自己就很警惕那种不同人文传统中的大作品的生拉硬拽的比较，然而在单个思想或主题的层面上，钱钟书便在不同领域和语言中如鱼得水，他用尽可能多的不同来源的材料来展现一个主题的多个方面。许多现代学者不满于传统批评‘只见树木，不见森林’的弱点，而钱钟书却担心他们只见森林不见树木，《管锥编》就是一棵棵‘树木’，他关注这些树木的方式空前绝后，在跨越时间和语言的同时，也尽其所能做到不忽略任何可能的材料。

另外的目的可能跟‘文革’有关。《管锥编》是在‘文革’后期写成的，其中对于20世纪的政治状况只字未提，这里也许有远离事端或者说明哲保身的动机，然而‘文化大革命’对文化传统的破坏一定是他一直在思索的问题，他常常把古代中国的诗歌散文小说与古代西方的文学作品相并列，这就是要表示中国的文学传统与任何其他国家的文学传统一样丰富、一样有价值，而不是什么封建毒草。当然他从来没有直接明言，所以我们能做的就是将之看成一种可能性。”

艾朗诺先生了解了钱钟书，更读懂了《管锥编》，他将钱钟书和《管锥编》推向了世界，让世界上更多的人了解博大精深的中国传统文化。

第七章 夕阳无限好

乔迁三里河新居

毛泽东诗词翻译工作完成后，钱钟书开始一心校订《管锥编》，日常生活安定了下来，他们的家——学部“陋室”也安静了许多。钱钟书的腿脚力量在慢慢恢复，后来可以散步了。闲暇之余，钱钟书和杨绛就一起到日坛公园走一走。因为腿脚无法走动而久不出门的钱钟书来到公园后感到非常新鲜，似乎对什么都感兴趣，似乎回到了青年时期。青春的活力在两位老人的心灵深处开始萌发，他们似乎感觉到，知识的春天已经来到了。

1977 年 1 月的一天，一位办事人员来到学部办公处找到了杨绛，随后递给杨绛一串钥匙，请杨绛和女儿钱瑗一起到三里河去看房子，并配有专车接送。那位办事人员还特地叮嘱杨绛：假如有人问询，就解释说“自己在住办公室”。

杨绛的心开始怦怦跳起来。在北京居住将近三十年的她心理清楚，三里河的房子属于国务院直属高级宿舍区，由一幢幢的小洋房组成，住在这里的人们都是一些高层的特殊人士，那里房子的情况可想而知。

当时，胡乔木是中国社会科学院的院长，单位人员的住房非常紧张，尤其是一些上了岁数的专家（比如钱钟书夫妇）。为此，胡乔木就给当时的国家副主席李先念写了一封信，请求国家给予帮助解决。李先念副主席做了批示后，这件事情很快得到了落实。后来，杨绛逐渐了解到三里河寓所是在胡乔木的直接关怀下解决的，所以对胡乔木非常感激。

杨绛和女儿钱瑗来到三里河南沙沟寓所看了房子，感觉非常满意。随后，在学部年轻同事们的帮助下，杨绛开始收拾“陋室”里、原来干面胡同房子里面的所有家什：书籍、衣物、家具、厨具……在2月4日立春的当天搬进三里河寓所。杨绛担心钱钟书再次吸进灰尘，就把他当做一件“最贵重的行李”：在所有东西搬迁完毕之后用小汽车把他“运”到了新家。

钱钟书居住的南沙沟小区有一个大的院落，院子里有很多高大的乔木和绿色草坪。新房子有四间：一间做为钱钟书夫妇的卧室，一间留作女儿钱瑗居住，另有一大间是钱钟书和杨绛的起居室兼做书房，有时也可以用来招待客人，余下一间做餐厅。

当初，钱钟书在学部居住时，有一位亲戚时常来帮忙，大伙都称呼她周奶奶。搬到三里河新居之后，周奶奶开始在餐厅里歇息。后来，周奶奶感觉钱钟书夫妇晚间到餐厅倒开水影响休息，就看中了走廊，晚上把床铺搬到走廊来休息。

钱钟书夫妇对这套房子非常满意。杨绛在《我们仨》中这样描述当时感觉：

“自从迁居三里河寓所，我们好像跋涉长途之后，终于有了一个家，我们可以安顿下来了。

我们两人每天在起居室静静地各据一书桌，静静地读书工作。我们工作之余，就在附近各处‘探险’，或在院子里来回散步。阿瑗回家，我们大家掏出一把又一把的石子把玩欣赏。阿瑗的石子最多。周奶奶也身安心闲，逐渐发福……”

何其芳非常羡慕钱钟书家的房子，带着夫人专程来到三里河看。他非常欣赏钱钟书新居涮洗墩布的小房间，也希望有朝一日能住上这样的房子。可是，何其芳没能如愿。这年8月的一天，何其芳同志去世了。当时，胡乔木、周扬等很多领导都参加了何其芳同志的追悼会，钱钟书夫妇为何其芳同志送行。

钱钟书夫妇在三里河新居安顿下来之后，很快就投入到工作之中。钱钟书正在专心修订《管锥编》初稿，杨绛在翻译西班牙原著作品《小癞子》。开始工作之后钱钟书夫妇才感觉到，三里河新居距离学部单位比较远。二人岁数大了，加之交通不方便，所以平时没重要事很少到学部去。期间，学部有两个年轻的工作人员，一个姓董，一个姓薛，每月给钱钟书夫妇送工资。钱钟书就顺便让两个年轻人替自己借书查阅资料。令两个年轻人感到吃惊的是，每次借来一大堆钱钟书需要的书籍，钱钟书都是一边和他们谈话，一边随时翻阅，等两个年轻人告辞时，钱钟书已经把那么多的书翻完了，请他们带走。学部在学术方面遇到什么问题，也都委托两个年轻人来向钱钟书咨询，钱钟书都会非常详细地解释。不管多么疑难的问题，在钱钟书面前都能迎刃而解，这让两个年轻人大开眼界。因为这两位年轻人来的比较多，所以钱钟书背后称之为“董超”和“薛霸”（《水浒传》里的人物）。钱钟书去世后，杨绛就把这两个外号告诉了这两个人，二人大笑不已。

当时还发生一件这样的事情：著名画家黄永玉画了一幅寓意深刻

的《凤凰涅槃》国画，准备作为国家礼品赠送给一座外国城市。领导就让黄永玉撰写一下凤凰涅槃的来由根据，到时候向参观者解说。黄永玉查阅了很多大部头资料，还拜访了很多法师和民族专家，都没有得到理想的资料。眼看日期临近，黄永玉想到了钱钟书，就给钱钟书打了电话。黄永玉在《钱钟书先生》里详细地描述了当时情景：

“国家要送一份重礼给外国某城市，派我去了一趟该市，向市长征求意见，如果我画一张以凤凰涅槃为寓意的大幅国画，是不是合适。市长懂得凤凰火里再生的意思，表示欢迎。我用了一个月时间画完了这幅作品。

我工作的地点在玉泉山林彪住过的那幢房子。画在大厅画，原来的摆设一点没动；晚上睡在林彪的那张大床上。有人问我晚上怕不怕，年轻时候我跟真的死人都睡过四五天，没影的事有何可怕？眼看代表团就要出发了。团长是王震老人。他关照我写一个简要的凤凰涅槃的文字根据，以便到时候派用场。我说这事情简单，回家就办。

没想到一动手问题出来了，有关这四个字的材料一点影也没有。《辞源》《辞海》《中华大辞典》《佛学大辞典》《人民日报》资料室，遍北京城一个庙一个寺的和尚方丈，民族学院，佛教协会都请教过了，没有！

这就严重了。

三天过去，眼看出发在即，可真是有点茶饭不进的意思。晚上，忽然想到远在天边近在眼前的救星钱先生，连忙挂了个电话：

‘钱先生，平时绝不敢打扰你，这一番我顾不得礼貌了，只好搬师傅下山，凤凰涅槃我查遍问遍北京城，原以为容易的事，这一趟难倒了我，一点根据也查不出……’

钱先生就在电话里说了以下的这些话：

‘这算什么根据？是郭沫若1921年自己编出来的一首诗的题目。三教九流之外的发明，你哪里找去？凤凰跳进火里再生的故事那是有的，古罗马钱币上有过浮雕纹样，也不是罗马的发明，可能是从希腊传过去的故事，说不定和埃及、中国都有点关系……这样吧！你去翻一翻《大英百科》……啊！不！你去翻翻中文本的《简明不列颠百科全书》，在第三本里可以找得到。’我马上找到了，解决了所有的问题。”

从这件事可以看出，钱钟书真不愧被誉为中国文化昆仑。

这段时期，钱钟书家里也充满了愉悦和温馨。三里河寓所比较宽敞，环境也优美，距离北师大学校比较近，所以，女儿钱瑗的大量教学参考书都在三里河寓所，也常住娘家，到了周末才回婆婆家去。女婿的工作单位也距离三里河不远，来去也非常方便。如此一来，家里的话语就多了起来，而钱瑗和父亲有时候会在学识方面“斗气”。钱瑗遇到不懂的英文单词，一连翻阅了五本词典还没有查到，只得向父亲钱钟书请教。钱钟书就一本正经地说：“只查了五本词典，为什么不去再查第六本呢？”钱瑗无奈，只得再去翻阅一本词典，果然找到了答案。钱钟书没有学过俄语，有时候在工作中遇到俄文单词搞不懂，就去向女儿钱瑗请教，钱瑗就顺手递给他一本俄文词典。钱钟书无奈只好向女儿认输。父女的感情其乐融融。

钱钟书和胡乔木曾经是清华大学的校友，在学校时期并不相识。中华人民共和国建立后，钱钟书在《毛泽东选集》英译委员会工作时，胡乔木是上级领导，二人关系并不默契。胡乔木还曾批评钱钟书守旧，钱钟书也在翻译的具体工作上也曾经让胡乔木难堪。钱钟书夫妇在学部“陋室”居住期间，胡乔木得知钱钟书得了哮喘之后还特意给他寄过几次药方子。钱钟书夫妇因为不了解胡乔木的具体住址，所以也没有致谢。这次搬迁到三里河新居后，胡乔木前来登门拜访了。

胡乔木向钱钟书请教一个问题：马克思说宗教是人民的精神鸦片，究竟是怎么说的？钱钟书就把刚刚修订完成的《管锥编》拿出来，从里面翻到某一页让胡乔木看具体答案。胡乔木随即对《管锥编》手稿产生了兴趣，就想办法让中华书局出版了。后来，胡乔木多次来拜访钱钟书，问询杨绛翻译工作的一些事。杨绛在《我们仨》这样描述当时的情景：

“乔木同志常来找钟书谈谈说说，很开心。他开始还带个警卫，后来把警卫留在楼下，一个人随随便便地来了。他谈学术问题，谈书，谈掌故，什么都谈。钟书是个有趣的人，乔木同志也有他的趣。他时常带了夫人谷羽同志同来。到我们家来的乔木同志，不是什么领导，不带任何官职，他只是清华的老同学。虽然同学时期没有结识，经过一个‘文化大革命’，他大概是想起了清华的老同学而要和他相识。他找到钟书，好像老同学重又相逢。

……但是我觉得他到我家来，是放下了政治思想而休息一会儿。他是给自己放放假，所以非常愉快。他曾叫他女儿跟来照相。我这里留着一张他痴笑的照片，不记得钟书说了什么话，他笑得那么乐。”

胡乔木曾经做过毛主席的秘书，是著名的中国马列主义理论家。杨绛感觉自己和钱钟书与胡乔木身份有差异。因此，胡乔木可以到钱钟书夫妇的三里河新居拜访，不拿架子，可钱钟书夫妇不可以随便去胡乔木家，只能“来而不往”，感觉心里有些惭愧。

杨绛的《堂·吉诃德》在 1977 年 11 月出版。当时，钱钟书的《管锥编》也出版了，心里非常高兴，就向杨绛提出交换题签。杨绛就说自己的字难看，这么做钱钟书太吃亏。钱钟书则感觉这两本书可能是人生中撰写的最后两本书，应该留点纪念，感觉交换题签非常好玩。

出国访问

1978 年 9 月到 1980 年底的这段时间，是钱钟书在国际学术界大放光彩的时期，也是他人生中的一大亮点。这段时期，钱钟书不断出国访问，期间还参加各种国际学术会议，他博学多才的学识和流利的外语水平赢得了许多国际学者、友人的赞许。

1978 年，钱钟书家里好事连连。首先，女儿钱瑗考取了留学英国的奖学金。本是俄语老师的钱瑗需要进修英语，开始她还有些信心不足，但经过努力居然过关了。这年的 9 月 12 日，钱瑗如愿到英国留学。就在之前的 8 月 31 日，钱钟书跟随中国社会科学院代表团来到了意大利。代表团人员有代表团团长、经济学家许涤新，还有考古专家夏鼐、历史专家丁伟志。他们一行人准备参加在这里举行的欧洲研究中国协会第二十六次会议，地点设在意大利北部山城奥蒂塞伊。

9 月 5 日上午，会议大厅里坐满了来自欧洲各国的学者，大家都在准备聆听来自享有世界声誉的中国学者钱钟书发言，这也是中国学者在经历“文化大革命”之后第一次在欧洲学术会议上登台亮相。钱钟书用流利的英语首先回顾了中意文化交流的历史，随后展望了中国和欧洲在文化交流方面的前景，他动情的言辞和过人的博学让在座的各国学者无不惊叹。

演讲结束之后，钱钟书回答在座各国学者的提问。这些学者们都是研究中国文化的专家，不仅精通汉语，而且还了解中国文化。他们用汉语向钱钟书提出问题，钱钟书用非常流利的外语回答，言辞中还涉及到很多外国文学作品，有时候还当场背诵出原文，此举让在场的各国学者大为惊奇。法国《世界报》这样报道钱钟书的这次演讲："听到这位博学多才、感情充沛的学者演讲，人们都会产生这样的感想，在中国的传统文化被剥脱十年之后，文化思想的世界再一次开始恢复了。"

中国代表团成员、历史学家丁伟志听了钱钟书的演讲也非常激动，他这样说："真正感受到，钱先生确实是中国文化的光荣……由衷地庆幸我们国家在大劫之后，居然还会保存下来这样出类拔萃的大学问家。正是有赖于此，在经历了'十年浩劫'的折磨之后，我们国家思想的世界才能够又开始复苏。"

在座的德国汉学专家、博士莫芝宜佳这样评价钱钟书："这次和钱先生会面，对我来说是一次巨大的转折。他向我指明了通往中国文化之门的道路。认识钱先生后我忽然感觉到，我之前心目中的中国的非常不完整，只是其中的一部分。因此，我决定和我的中国朋友史仁仲合作翻译《围城》，这项工作肯定会让我增加很多见识。"

钱钟书夫妇有个共同的习惯，出国访问都要写给对方自己的所见所闻和思念之情，类似于书信，但这样的书信根本不用邮票邮寄，而是回家后直接转交给对方。钱钟书的这次意大利之行，以及后来的美国、日本之行，回到家见到杨绛之后，都会面交给杨绛一个亲手书写的本子。杨绛在《我们仨》里这样描述这种情怀：

“这段时期，钟书和我各随代表团出国访问过几次。钟书每和我分离，必详尽地记下所见所闻和思念之情。阿瑗回家后，我曾出国而他和阿瑗同在家，他也详尽地记下家中琐碎还加上阿瑗的评语附识。这种琐琐碎碎的事，我们称为‘石子’，比作潮退潮落滞留海滩上的石子。我们偶然出门一天半天，或阿瑗出差十天八天，回家必带回大把小把的‘石子’，相聚时搬出来观赏玩弄。平时家居琐琐碎碎，如今也都成了‘石子’……”

杨绛的《干校六记》在胡乔木的关怀下出版之后，在国内外引起了强烈反响，好评如潮，很快被翻译成多国文字并在多个国家出版发行，杨绛本人知名度得以大幅度提高。1979 年 6 月，杨绛随中国社会科学院代表团出访法国，期间访问游览了很多学术机构和名胜古迹、博物馆。期间，法国导游的中国翻译在言辞间得到杨绛的很多帮助，诸如卢浮宫的披挂武士刺毒龙的故事，都是在杨绛的帮助下向参观者解说的。

杨绛的《堂·吉诃德》出版之后，西班牙先后三任大使热情邀请杨绛访问西班牙。1983 年，杨绛随中国社会科学院代表团出访了西班牙，访问参观了塞万提斯的家乡阿尔加拉。随后，杨绛跟随代表团顺路还访问了当年的留学之地英国。

杨绛的出访同样获得了国内外一片好评，她翻译和创作的作品也在国内外引起强烈反响，这也是钱钟书家值得庆贺的事情。人们认识到，在中国文化昆仑钱钟书背后，其夫人水平能力一样非凡。

1979 年到 1980 年，钱钟书跟随中国社会科学院访问日本和美国，到很多所世界著名院校进行了演讲和学术交流。其中，在美国访问的时间长达四个月，从美国东海岸一直到西海岸，钱钟书以超凡的博学多才让众多的学者认识了中国文化昆仑的无穷魅力。台湾著名经济学家、教育家费景汉曾经这样描述在学术交流座谈会上的钱钟书：

“会场上最出风头的要算是钱钟书——他给我的印象是机智，善于征服别人。他在茶话会上提到一位美国诗人，会用优美的英文背诵一段那位诗人的诗作；提起另一位德国诗人，又会用标准的德文背诵他的一篇作品；再提及一位拉丁诗人，他也能用拉丁文来背诵一段。这些诗人未见得是什么大诗人，提及的诗作也未必是他们的重要之作，但钱钟书却能出口成章，流利地背出，真是把在场的美国人吓坏了。

有人这样谈观感：钱钟书似乎不是在发言，而是在表演。两个小时表演结束后，观众报以热烈的掌声。

钱钟书在美国讲学，仅凭其英语的口才，即令四座吃惊。一位在哈佛大学研究院工作多年的美国学者说，他在美国长这么大，生平从未听过像这样漂亮的英语，算来算去只有哈佛的一位语言学教授的英语水平差堪同钱相媲美。”

1979年3月，钱钟书先生随中国社科院派出的代表团出访美国、法国。4月23日，在访问哥伦比亚大学时会见了《中国现代小说史》的作者夏志清先生（夏先生曾在该书中设专章介绍了钱钟书先生的文学成就）。随后，钱先生在贾志清的陪同下出席了该大学为他举办的座谈会。虽然钱先生事前毫无准备，但仍是应对如流，有问必答。一口流行的“牛津英语”震惊了在座的诸位美国学者。期间，一些学者像学生一样怯场，不敢向钱先生请教，夏志清先生就自己发问或讲些幽默话。有一次，他说：“钱先生的中西学问我无法同他相比，可是美国的电影知识，我远比他丰富，现在我要考考他，简·芳达是谁？”

不料钱先生竟随口答道："这位明星是否最近得了什么奖？简·芳达是左派国际红星。"他的回答大出人们所料，引起了雷鸣般的掌声。后来夏志清先生在自己的文中记述了这件事时曾写道："我国学人间，不论他的同代和晚辈，还没有比得他的博闻强识，广览群书。"他称钱钟书先生为中国第一博学鸿儒。

此时，钱钟书的学术代表著作《管锥编》的出版正在运筹之中。当时，世界各国的汉学专家们所了解的钱钟书作品只有一部创作于20世纪40年代的长篇小说《围城》。"文革"后走出国门的钱钟书才发现，他的《围城》早已经被翻译成了英文，这让钱钟书倍感欣慰。

在各种国际学术会议上，钱钟书也非常谦虚。1980年11月28日，钱钟书在随同中国社会科学院代表团出访日本过程中来到了早稻田大学演讲。演讲开始前，钱钟书首先非常谦虚地说："来到日本演讲，即便不必浑身是胆，也需要有斗大的胆。原因是你们日本是汉学非常发达的国家。你们对中国文化的研究取得的成就举世公认。面对你们这样的日本汉学的同行们，我心里惴惴不安。"接下来，钱钟书又给在座的汉学家们讲了一个意大利笑话：一个生活在穷乡僻壤的土包子，有一天在走路的时候忽然间下起雨来。此时，他凑巧身边有一筐布料，就急中生智，随手拿起一根木棍顶起那块布，就这样遮风避雨。回到家里后，他发现自己没有被淋成落汤鸡。内心高兴之余，他感觉自己的这项发明应该让更多的人知道。有人告诉他城里有发明专利局，他就来到城里找到发明专利局说明情况。专利局的工作人员没听他说完就随手拿起一把雨伞……故事讲完，全场人大笑，气氛轻松了很多。通过演讲之前的这个故事，钱钟书自谦把自己比作"土包子"，拉近了与会者的距离。

早在20世纪70年代，中国正在搞“文化大革命”，被定性为“牛鬼蛇神”的钱钟书很少发表文章。于是，国际上汉学文化学术界就流传钱钟书已经去世的消息。当时，著名“钱迷”美国哥伦比亚大学教授、中国文学评论家夏志清听到这个消息后非常悲痛，就撰写了一篇悼文《追忆钱钟书先生》发表在台北《中国时报》上。日本著名汉学家、京都大学名誉教授荒井健知道这个消息后也发表了一篇怀念钱钟书的文章，以此寄托对钱钟书的怀念之情。钱钟书这次访问美国、日本，见到了给自己撰写“悼文”的学者，彼此端详之后都不仅哑然失笑。

台湾著名作家、学者水晶曾经写过一篇《侍钱“抛书”杂记》，里面详细记录了钱钟书去美国访问期间在加州大学的形象：

“钱先生是下午2时来到加大东方语文学系的系主任室兼接待室的……温熙和蔼，和他犀利拔尖峥嵘恣意的笔锋，决不搭配。他坐在那里，四下望着一室不多的几个人，四方脸，浓眉，一副新型黑框近视眼镜，白皮肤，整齐的白牙，望之俨然四十许人，简直漂亮齐整得像晚年的梅兰芳先生，虽然按照官方记录，今年应是望七高龄的老人了……

临行的时候，我说准备了一些书，想送给钟书先生，当做纪念，不知道他可有兴趣笑纳？他说行囊太重，不及加磅，还是直接寄到北京吧！他又说临行之时印了大批的名片，现在正好派上用处。他随即掏出一张中英文名片来，正面印的是：中国社会科学院文学研究所研究员钱钟书。”

钱钟书的几次出国访问，典雅的外语和博学多才的学识在国际上赢得了很高的荣誉和很多学者的尊敬。当初，钱钟书在英国和法国留学期间，并没有拿到硕士文凭。到了1979年钱钟书访问美国回国之后，美国哈佛大学、普林斯顿大学、耶鲁大学、哥伦比亚大学、芝加哥大学等都发来要求授予钱钟书荣誉文学博士学位的通知，还邀请他到美国讲学。钱钟书不以为然。可没过多长时间，美国哈佛大学由于没有接到钱钟书回信，就以为他没有到美国的往返路费，特意给钱钟书汇来三千元美金。结果，钱钟书也原封不动退给了哈佛大学。

为了邀请钱钟书去美国讲学，美国普林斯顿大学特意派来一名特使找到钱钟书，开价十六万美金，另外负责钱钟书的交通、住宿、餐饮的全部费用，并且可以携夫人同往。普林斯顿大学付出如此多的薪水，只希望钱钟书每两星期授一次课，每次只需四十分钟，半年讲十二次课。如此高的待遇，对于当时一名80年代的中国学者来说，具有非同一般的吸引力，但是可钱钟书果断拒绝了。钱钟书对校方的特使说："你们的研究生的论文我都看过了。这种水平，我给他们讲课，他们听得懂吗？"

淡泊名利

几次出国访问，钱钟书以博学多才的演讲给世界学者极大的震撼，也因此获得了极高的声誉。在钱钟书回国之后的几年里，各种名利纷纷踏上门来，但是，钱钟书向来不重视名利，都婉言回绝了。这在当时 80 年代刚刚改革开放的中国，的确难能可贵。

之前，钱钟书为了查阅资料，就特意备了一本英文大辞典。多年的查阅之后，这本大辞典里面写满了钱钟书的批语。这个消息不知怎么回事传到了英国。英国的一家老牌出版社就专门派两个人远渡重洋叩开了钱钟书的家门，他们向钱钟书提出愿意出重金购买那本大辞典。钱钟书果断地婉言回绝。对于钱钟书来说，那本大辞典凝聚了自己多年的心血，是无价之宝。钱钟书没有发过什么大财，但绝对称得上是精神贵族。

不过，对于送到家门的金钱都不屑一顾的钱钟书，有一次居然要做了一次“有钱人”。1979 年冬季的一天，钱钟书收到了出版社送给自己的《管锥编》稿费八千元。当时，一百元的人民币还没有出现，所以八千元都是十元的钞票，非常厚的一摞很是显眼。钱钟书把钱一分为二分别放进两个纸袋，随后拍打两下对杨绛说："走，逛商场去。揣着钱买东西，做一回富翁。"

杨绛不以为然，就说没有这个必要，可一边说一边就跟随着钱钟书走出了家门。钱钟书将两个装钱的纸袋放进贴身的羽绒服内袋里，摇摇晃晃直奔大商场而来。或许是因为钱袋子比较大过于凸出，也可能是找到"大富翁"的感觉，钱钟书在商场里昂首挺胸，而杨绛紧紧跟在身后好像一个女保镖一般，一边走一边还要小声叮嘱前边的钱钟书："小心一点小偷！"但钱钟书不以为然，依然倒背着手左看右看，此举让杨绛暗笑不已。

钱钟书为人慷慨，遇到需要帮助的亲友，都会解囊相助。不过，钱钟书借给亲友钱有一个原则，那就是将数目打折之后就不用还了。比如有同事有事找钱钟书借钱，钱钟书都会问借多少。假如同事说是一千，那钱钟书接下来就会说："这样吧，不要说借，我给你五百元，今后就不用你还了。"假如这个人后来再次来找钱钟书借钱，钱钟书还是同样对待。钱钟书在任中国社会科学院副院长期间，有一次给他开车的司机不小心撞伤了行人，需要钱。司机一时无奈就找钱钟书帮忙借钱赔偿医药费。钱钟书就问需要多少，司机说需要三千。钱钟书马上说："这样吧，我给你一千五，不算你借的，今后不用你还了。"

钱钟书不缺钱花，但家里的摆设非常朴素：沙发依旧是用了很多年的旧沙发，书架是用四块木板和一些砖头搭起来的，并且也是已经用了很多年了。钱钟书不仅喜欢读书，而且还非常痴迷读书，但家里的藏书却不多。有人感觉钱钟书是把喜欢读的书都放进脑子里了，还真是恰如其分。

钱钟书从来没有把钱财看的很重，也从来不愿意做官。1982 年 6 月期间，中国社会科学院人事方面变动调整，文学研究所换了所长。新所长上任后就聘请钱钟书为文学研究所顾问，想不到钱钟书却极力推辞，最终所长被迫让步。此举让钱钟书非常高兴，回到家里对杨绛说："无官一身轻，顾问虽小，也是个官。"可是，接下来的事情让钱钟书始料不及，最终让钱钟书当上中国社会科学院的副院长。杨绛在《我们仨》里详细描述了当时的情景：

"第二天早上，社科院召他去开会，有车来接。他没头没脑地去了，没料到乔木同志忽发奇想，要夏鼐、钱钟书做社科院副院长，说是社科院学术气氛不够浓，要他们为社科院增添些儿学术气氛。乔木同志先已和夏鼐同志谈妥，对钟书却是突然袭击。他说：'你们两位看我老同学面上……'

夏鼐同志已应允，钟书着急说，他没有时间。乔木同志说：'一不要你坐班，二不要你画圈，三不要你开会。'钟书说：'我昨晚刚辞了文学所的顾问，人家会笑我"辞小就大"。'乔木同志说：'我担保给你辟谣。'钟书没什么说的，只好看老同学面上不再推辞。回家苦着脸对我诉说，我也只好笑他'这番捉将宫里去也'。

我有个很奇怪的迷信，认为这是老天爷对诬陷钟书的某人开个玩笑。这个职位是他向往的，却叫一个绝不想做副院长的人当上了。世上常有这等奇事。"

钱钟书当上社科院副院长之后，谢绝了出国访问之类的事情，一般的会议也不参加。不过，社科院有两个会议他不但都参加了，而且还做了主持人：一次是和美国学术代表团的交流学术会议，一次是纪念鲁迅先生的会议。钱钟书非常注重实际，也重视办事效率。他主持会议，说话简洁明快并且得体，与会者很乐意听。半个小时的会议，钱钟书解决了很多问题。

这段时期，胡乔木正在创作诗歌《有所思》，初稿完成后就请钱钟书帮忙修改一下。钱钟书毫不客气，结果将胡乔木的《有所思》修改得面目全非。胡乔木在面子上感觉不舒服，就和中国社会科学院的一位副院长说了，那位副院长找到钱钟书说明了情况。钱钟书这才醒悟过来，赶忙写信给胡乔木道歉："我恍然大悟，僭改的好多不合适，现在读您来信更明白了我只能充个'文士'，目光限于雕章琢句；您是'志士仁人'而兼思想家。我上次的改动就是违反了蒲伯的箴言……"

钱钟书在副院长的位置干了一年后，再次向时任中共中央书记处书记、中央政治局委员、主管意识形态的"头号文化首长"胡乔木提出辞职，理由是"尸位素餐，于心不安"。胡乔木同志对钱钟书说："不著一字，尽得风流。"没有批准钱钟书辞职。钱钟书无奈，只好在副院长的位置挂个空名，工资按照研究员的级别领，在中国社会科学院也没有单设办公室，不用秘书，配发的车很少坐，只有到医院看病的时候坐一下。

1984 年，第四次全国作家代表大会在北京召开，钱钟书作为代表应邀参加。在填写登记表中"懂何种外语"一栏中，钱钟书这样写："略通英、法、德、意语"。当时，通过几次出国访问和参加国际学术会议之后，钱钟书的外语水准已经誉满全球，成为举世公认国内当代学者中屈指可数的外语专家。可是，钱钟书竟然把自己外语水准定位在"略通"，由此可见他的虚心。

1985 年冬季的一天，中国新闻社香港分社记者、女作家林湄从香港来到北京。她采访了很多中国文坛上的名家，但就是没能采访到钱钟书，原因是钱钟书不愿意接受记者的采访。林湄无奈之下便找到时任《文艺报》副总编辑、著名作家吴泰昌先生，原因是他和钱钟书比较熟悉。吴泰昌通过电话联系到了钱钟书。了解情况后的钱钟书先生在电话中依然拒绝采访："这就是引蛇出洞嘛！谢谢她的好意，这次算了吧。"林湄非常沮丧，可反复考虑之后依然不死心，她就和吴泰昌商议了一个"突然袭击"的办法，直接找上钱钟书的家门。二人按了门铃后，出来开门的恰好就是钱钟书。风趣幽默的钱钟书看到是他们二人后哈哈大笑："泰昌，你引蛇出洞没成功，这次换瓮中捉鳖了……"走进房间，钱钟书首先搬来一盆花，随后对林湄说："我接受你采访，你要首先答应我两件事：一不做笔记，二不录音。"林湄为了采访，只好答应了钱钟书的条件。采访结束之后，林湄根据记忆很快撰写了文稿，随后将稿子寄给钱钟书审阅。令人想不到的是，林湄很快收到了钱钟书寄来的一盆花的照片，另外还有一封信。信里有钱钟书这样几句话："……当初你来采访我的时候，花儿在旁边听得清清楚楚，它是唯一的见证者。但我打开你的来稿阅读时，不小心被那盆花看到了来信，她羞愧得枯萎了。我很难过，请你来拯救这盆枯萎的花吧！"接下来，钱钟书将林湄的手稿做了大幅度修改，将称赞钱钟书的话语全部删去了，随后将稿子再次寄给林湄，还附有一封信："大稿活泼有感情，但吹捧太过，违反我的花儿人生哲学，也会引起反感。过奖必将让盛开的花儿枯萎。还原真实，这是辩证法，也是万物存活下来的唯一条件……"林湄看到，在这封书信的下面有钱钟书特意写的几个大字："别违反我的人生哲学。"通过这件事，林湄女士明白了钱钟书的做人准则，即实事求是。

当初，钱钟书困居在上海撰写《围城》的时候，家庭经济情况有些紧张。辞退了保姆，杨绛操持家务，上厨下灶，非常辛苦，正所谓“卷袖围裙为口忙”。当时，钱钟书在文学界知名度不高，他的学术文稿少人问津。无奈之下，钱钟书就创作《围城》，其中也有挣钱养家的因素。著名戏剧家、电影艺术家、导演黄佐临了解情况后，及时导演并上演了杨绛的四幕喜剧《称心如意》和五幕喜剧《弄假成真》，并支付了酬金，此举让钱钟书一家度过了难关。80年代，钱钟书知名度大增，很多导演准备将《围城》拍摄成为电视连续剧，但需要钱钟书签字答应，可钱钟书向来看淡名利，很多导演都被拒之门外。此时，黄佐临的女儿黄蜀芹经过考虑后就拿着父亲的一封亲笔信找到了钱钟书。钱钟书是一位知恩必报的人，四十年前的往事历历在目，他马上同意了黄蜀芹的策划案。签约之后，美国好莱坞片商多次邀请钱钟书夫妇到美国好莱坞做客观光，餐饮住宿费用全免，顺便监督一下《围城》影片的制作。但是，钱钟书夫妇婉言谢绝。钱钟书说：“我现在是中国式的硬木椅子，搁在那儿挺结实，搬搬就散架了。”

杨绛在《我们仨》里这样描述《围城》拍摄成电视连续剧之后的情景，其中无不显示出钱钟书夫妇二人的豁达和不慕名利的品行：

“钟书的小说改为电视剧，他一下子变成了名人。许多人慕名从远地来，要求一睹钱钟书的风采。他不愿做动物园里的稀奇怪兽，我只好守住门为他挡客。

他每天要收到许多不相识者的信。我曾请教一位大作家对读者来信是否回复。据说他每天收到大量的信，怎能一一回复呢。但钟书每天第一件事是写回信，他称还债，他下笔快，一会儿就把债还清。这是他对来信者一个礼貌性的答谢。但是债总还不清。今天还了，明天又欠，这些信也引起意外的麻烦。

他并不求名，却躲不了名人的烦扰和烦恼。假如他没有名，我们该多么清静！”

后来，中国国内有十八家电视台准备联合拍摄《当代中华文化名人录》，钱钟书名在其列。当时，被选中者都有比较丰厚的酬金，真可谓名利双收。但是，钱钟书却非常委婉地谢绝了前来邀请他参加拍摄的人员：“我都姓了一辈子钱了，难道还迷信钱吗？”

在钱钟书八十大寿的时候，有关部门经过协商，准备给这位誉满全球的国学大师举行盛大庆祝典礼。钱钟书听说之后婉言谢绝。有人问及原因，钱钟书不以为然地说：“不愿花不明不白的钱，不愿见不三不四的人，不愿听不痛不痒的话。”

晚年著作亦颇丰

钱钟书在学术方面向来严肃认真，一丝不苟。之前，钱钟书从来没有指导过研究生学习，不过可能引导过博士生。据说，钱钟书本身不愿意带研究生。有人询问其原因，钱钟书这样说：“还是先把《说文解字》读通了再考研究生也不晚。字还认不全呢，怎么读博士？”

“研究生不是害你的，就是借你的名字卖野人头的。”

从这些话可以看出，钱钟书对文凭之类表面的东西持轻视态度，而对人的文化素养比较重视，他注重知识，重视知识的培养和积累。即便是到了晚年，具有丰富学识的钱钟书一样笔耕不辍，一心想把自己的学识推向最高峰。

钱钟书完成《管锥编》之后，下一步就开始着手撰写《管锥编》增订本、《谈艺录》补订本和《七缀集》。钱钟书《管锥编》增订本主要是对前不久出版的原本进行了增添和改正。这里重点介绍一下《谈艺录》补订本和《七缀集》。

《谈艺录》补订本

1981年，一位香港的作家访问钱钟书时发现了一个问题，钱钟书的《谈艺录》书中很多篇章里都写满了密密麻麻的的补订文字。那位作家就断定《谈艺录》补订本已经开始撰写很久了。

钱钟书撰写《谈艺录》是在1946年，到撰写《谈艺录》补订本，前后时间相差三十五年之久。钱钟书在《谈艺录》补订本的引言里这样说：

“乃稍删润原书，而逐处订益之，补为下编，上下编册相辅，即早晚心力之相形也。僧肇《物不迁论》记梵志白首归乡，语其邻曰：‘吾犹昔人，非昔人也。’兹则犹昔书，非昔书也。倘复非昔书，犹昔书乎？”

引言里“早晚心力之相形”，意思就是原本和补订本篇幅差不多，都是大约二十多万字。钱钟书将原本《谈艺录》定位上编，补订本定位下编。上编标题有许多细目，补订本对这些细目进行了删减，标题订为九十一则，让外观显得非常突出醒目，每则内容更加充实。

《谈艺录》补订本对原本很多地方进行了纠正，钱钟书为此还附加了很多自我批评的话语。比如在论述黄遵宪的诗之后，钱钟书这样说：“评黄公度诗一节，词气率略，鄙意未申。吴雨僧先生颇致不满，尝谓余曰：‘“新学而稍知存古”，亦大佳事。子持论无乃太苛乎。’先生素推崇公度，曩在清华大学为外语系讲授中国旧诗，以公度之作为津梁。余事不挂心，鬼来擘口，悚谢而已。”

钱钟书的学术著作以《管锥编》和《谈艺录》为主。《管锥编》涉及时间段从先秦到唐朝，《谈艺录》则是从宋朝到清朝，再加上《宋诗选注》，钱钟书学术评论基本遍及了中国各个朝代。

《七缀集》

1979年9月，上海古籍出版社出版钱钟书的《旧文四篇》。1984年3月，香港广角镜出版社出版钱钟书的《也是集》。《旧文四篇》出版之后很快销售一空，而《也是集》在香港出版，内地不方便购买阅读。于是，一位“钱迷”就向钱钟书写了一封信，请求将《旧文四篇》和《也是集》聚合成一本书在中国内地出版，方便读者的阅读。钱钟书经过考虑，就将《也是集》下半部删去（《谈艺录》新本里摘选的，所以删去），再加上《旧文四篇》，共涉及中国诗画、通感修辞、翻译等“新旧文章七篇”，内容大多属于文艺评论之类。正如序中所写的那样，这本书是“拼拆缀补”而成，就命名为“七缀集”。（中国古代周朝官名目的“五缀衣”“七缀钵”）

《七缀集》里共收录钱钟书七篇学术论文：《中国诗与中国画》《读〈拉奥孔〉》《通感》《林纾的翻译》《诗可以怨》《汉译第一首英语诗〈人生颂〉及有关二三事》《一节历史掌故、一个宗教寓言、一篇小说》。钱钟书学贯中西，博学多才，这一点在《七缀集》中表现非常突出。《七缀集》涉及中西方传统文化、文学艺术等诸多门类。钱钟书旁征博引，深入探讨传统文化、文学创作及翻译的规律，论述精辟而语言隽永，属于文艺评论的佳作。

《七缀集》里的七篇文艺评论论述的问题都不尽相同，涉及的都是中西方文化领域的学术问题。钱钟书用幽默智慧的言辞、从不同的角度对这些问题进行了深刻的剖析和诠释，让读者从中不仅能够洞察中西方文化，还可以了解很多历史文化典故和渊源。比如在《七缀集·中国诗和中国画》里，钱钟书这样写：

“尼采曾把母鸡下蛋的啼叫和诗人的歌唱相提并论，说都是痛苦使然。这个家常而生动的比拟也恰恰符合中国文艺传统里一个流行的意见：苦痛比快乐更能产生诗歌，好诗主要是不愉快、烦恼或穷愁的表现和发泄。这个意见在中国古代不但是诗文理论里的常谈，而且成为写作实践里的套板。因此，我们惯见熟闻，习而相忘，没有把它当作中国文评里的一个重要概念而提示出来。我下面也只举一些最平常的例来说明。《论语·阳货》讲：'诗可以兴，可以观，可以群，可以怨。''怨'只是四个作用里的一个，而且是末了一个。《诗·大序》并举'治世之音安以乐''乱世之音怨以怒''亡国之音哀以思'，没有侧重或倾向哪一种'音'。《汉书·艺文志》说'诗言志'，也不偏不倚：'故哀乐之心感，而歌咏之声发。'司马迁也许是最早两面不兼顾的人。仿佛只注意到《诗经·园有桃》的：'心之忧矣，我歌且谣。'《报任少卿书》和《史记·自序》历数古来的大著作，指出有的是坐了牢写的，有的是贬了官写的，有的是落了难写的，有的是身体残废后写的；一句话，都是遭贫困、疾病以至刑罚折磨的倒霉人的产物。他把《周易》打头，《诗三百篇》收梢，总结说：'大抵圣贤发愤之所为作也。'还补充一句：'此人皆意有所郁结。'那就是撇开了'乐'，只强调《诗》的'怨'或'哀'了；作《诗》者都是'有所郁结'的伤心人或不得志之土，诗歌也'大抵'是'发愤'的叹息或呼喊了。"

上面的论述中，钱钟书列举了西方哲学家尼采、中国古代历史学家司马迁，论述还涉及中国很多著名的古典书籍，追源溯流、旁征博引，引领读者的思想走近浩瀚无边的传统文化中。

在《通感》里，钱钟书源引北宋诗人宋祁《玉楼春》中的名句"红杏枝头春意闹"中"闹"字，引领读者理解通感修辞的应用。接下来，钱钟书将中国古诗中关于用"闹"字移觉手法进行了大量的搜集后展现在读者面前：

“苏轼诗句‘小星闹若沸’。

黄庭坚‘寒窗穿碧疏，润拙闹苍藓。’

陆游的‘村墟樱笋闹，节屋团棕近。’‘轻风忽近扬花闹，清露初唏药草看。’‘百草吹香蝴蝶闹，一溪绿涨鹭鸶闲。’

范成大的‘行如闹荷无水面，红莲沉醉白莲酣’。”

钱钟书的这些列举，让读者对于“闹”字的这一用法源流有了深刻体会，不再局限于某位诗人的诗句了。在《一节历史掌故、一个宗教寓言、一篇小说》中，钱先生在论述同一内容的三种不同体裁间的联系和区别时，引用西晋时期三藏竺法护翻译的生经中的《寓言故事》，随后又引出古希腊大史学家希罗多德《史记》中的一段历史掌故，最后在16世纪意大利文学名著——邦戴罗的《短篇小说集》做出总结。钱钟书通过引用大量中西方文献材料来阐述问题，探寻文化的渊源，让读者得以融会贯通领会中国传统文化的无穷魅力。相比一些严肃枯燥的文艺评论，更能吸引读者去阅读，去理解。

在《七缀集·中国诗与中国画》论述王安石的名句“春风又绿江南岸”中的“绿”字时，钱钟书指出，“绿”字的这种用法在唐朝已经出现了。接下来，钱钟书就一一列举了几首唐朝类似“绿”字活用的诗歌：

“丘为《题农父庐舍》：‘东风何时至？已绿湖上山。’

李白《侍从宜春苑赋柳色听新莺百啭歌》：‘东风已绿瀛洲草。’

常建《闲斋卧雨行药至山馆稍次亭》：‘行药至石壁，东风变萌芽，至人山门绿，小隐湖中花。’”

通过这些资料让读者分析，王安石在创作时的确经过了反复推敲最终才选中“绿”，但并不是王安石的原创。

钱钟书是著名的比喻大师，擅长通过比喻来诠释深奥的学术问题，用通俗的日常现象来比喻深奥的文化哲理，这一点在《围城》和其他学术著作中都有非常显著的表现，在《七缀集》里同样让人耳目一新，同样使用浅显易懂的比喻让问题清楚明了地展现在读者面前。比如在《七缀集·中国诗与中国画》里论述利用传统文化作为渊源崇尚新风气时，钱钟书就使用了很多非常巧妙而诙谐的比喻："这种事后追认先驱的事例，仿佛野孩子认父母，暴发户造家谱，或封建王朝的大官僚诰赠三代祖宗，在文学史上数见不鲜。"在《诗可以怨》里，钱钟书把诗人吟诗比喻成母鸡下蛋时的叫声，非常诙谐而又形象。在《读 < 拉奥孔 >》中论述哲学思想时用了非常形象的比喻："许多严密周全的思想和哲学系统经不起时间的销蚀，在整体上垮塌了，但是它们的一些个别见解还为后世所采用而未失去时效。好比庞大的建筑物已遭破坏，住不得人，也唬不得人了，而构成它的木石砖瓦仍然，不失为可资利用的好材料。"

中国的诗画之间的关系属于文艺评论中的传统问题，历来是文艺评论者的老话题。在《七缀集·中国诗与中国画》中，钱钟书用诙谐幽默的言辞论述的了这个问题。他综合中西方文化知识，详细地论述了"诗画一律"和"诗画分界"的学术观点，其中不乏诙谐幽默的言辞。比如："有关中国诗与西洋诗相形之下，中国旧诗大体显得情感不奔放，说话不唠叨，嗓门不那么高，力气不那么狠，颜色不那么浓。在中国诗里算是痛快的，比起西洋诗，仍然不失为含蓄的。我们认为词画够鲜艳了，看惯纷红骇绿的他们还欣赏它的素淡，我们认为'直恁响喉咙'了，听惯了大声高唱的他们只觉得是低言软语。"

在《七缀集·林纾的翻译》中，钱钟书有很多奇妙的言辞值得欣赏。

其中，钱钟书自己创造的俏皮话就非常美妙。林纾是清代末期比较著名的学问家，一生翻译了很多外国作品，但在翻译过程中有含糊其辞的现象。钱钟书说林纾把翻译当成了借体寄生的写作职业，说自己之前非常喜欢阅读林纾的翻译作品，可自从“能读原文后，发现漏译误译触目是。”接下来，钱钟书对着错误的译本开始挖苦：“方便地增长自我优越的快感”。最后，钱钟对林纾的翻译做了总结：

“林纾近三十年的翻译生涯，以 1913 年译完《离恨天》为界，明显地分为前后两期。前期林译十之七八都很醒目，后期译笔逐渐退步，色彩枯暗，劲头松懈，使读者厌倦。”

夕阳情深

钱钟书曾经对杨绛说过一句话：“照常理讲，我应嫉妒你，但我最欣赏你。”这句话恰如其分地说出了钱钟书对杨绛的感情至深。当初，杨绛在中华人民共和国建立前在上海创作话剧《称心如意》《弄假成真》等，好评如潮。钱钟书似乎感觉到了与妻子的差距，于是埋头开始创作《围城》。到了80年代时，钱钟书的《管锥编》《谈艺录》等等学术著作相继问世，进而让钱钟书名声大噪。此时的杨绛也没闲着，她的《干校六记》《记钱钟书与〈围城〉》《丙午丁未年纪事》等一些叙事散文不断出版，将杨绛推向了中国文坛。钱钟书很为杨绛高兴，感觉杨绛的散文比自己写的要好。

1991年，杨绛把平时创作的纪实性散文汇集成册，分成“忆旧”和“拾零”两部分，起名《杂忆与杂写》，准备交付于花山出版社出版。其中，“忆旧”中不乏回忆“文革”中的一些事。当时，胡乔木已经病入膏肓，但依然收到了杨绛《杂忆与杂写》自订稿。据说，已经无法动身的胡乔木就让身边的孩子给自己读，连续听了很多遍，依然不肯罢休。

钱钟书听说之后说，胡乔木肯定是对其中的《控诉大会》情有独钟，原因是胡乔木本身曾经参加过这样的大会。

钱钟书在1991年曾经作诗《代拟无题七首》，题注里包含了夫妻二人浓浓情意：

“原题注：缘起杨绛‘代拟’者，代余所拟也。余言欲撰小说，请默存为小说中人物拟作旧体情诗数首。默存曰：‘君自为之，更能体贴入微也。’余笑曰：‘尊著《围城》需稚劣小诗，大笔不屑亦不能为，曾由我捉刀；今我需典雅篇章，乃托辞推诿乎？’默存曰：‘我不悉小说情节，何从着笔？’余乃略陈人物离合梗概，情意初似‘山色有无中’，渐深渐固，相电缠绵，不能自解，以至忏情绝望犹有馀恨，请为逐步婉道出。并曰：‘君曾与友辈竞拟《无题》数首耶？’默存无以对，苦思冥搜者匝月，得诗七首掷於余前曰：‘我才尽此，只待读君大作矣。’余观其诗，韵味无穷，低徊不已。绝妙好辞，何需小说框架？得此空中楼阁，臆测情节，更耐寻味。若复黏着填实，则杀尽风景。余所拟小说，大可不着一字，尽得风流也。”

《代拟无题七首》其二：

“辜负垂杨绾转蓬，又看飞絮扑帘栊。春还不再逢油碧，天远应难寄泪红。炼石镇魂终欲起，煎胶续梦亦成空。依然院落溶溶月，怅绝星辰昨夜风。”

随着《围城》在80年代的再版和改编成为电视连续剧公映，钱钟书成为了中国家喻户晓的人物，来访来信非常多，杨绛都在尽力为钱钟书“保驾护航”，不得不将一些人拒之门外。有的人无奈之下采取强行闯门的办法。据说有一家消费报记者吵着嚷着非要采访钱钟书，根本不理会杨绛的劝说，可后来不知怎么回事走了。钱钟书对杨绛笑着解释说："他或许看到了我穿的布鞋上有个窟窿，这与他们提倡消费的观念不对路数，所以走了。"

有一次，一位美国客人来访问钱钟书，可他是带着患感冒的儿子来的。结果，事后钱钟书和杨绛都感冒了。钱钟书最终引发了哮喘，被迫到医院去诊治。杨绛特意找了认识的护士教自己打针，还找朋友要了医治感冒的针剂，然后每天给钱钟书打针，也给自己打针。钱钟书为此非常感激杨绛，每次都要向杨绛表示感谢。期间，钱钟书给亲朋好友写信时，都会说这样一句话："季康已身负病而料理病人，亦甚劳瘁。"

在钱钟书的心目中，杨绛是家里的"顶梁柱"。有一次，家里一个房间的灯管不知怎么不亮了，而电工此时已经下班回家，钱钟书感觉一筹莫展。此时杨绛忽然说："我来试一试。"接下来，杨绛拉过来一个小桌子，再在上面放一个小凳子，随后很利索地站了上去。钱钟书瞪大眼睛看着杨绛一只手顶在天花板上一只手检查灯管，结果灯管随后就亮了。当时，杨绛已经七十多岁了。如今，当年他们夫妇居住的房子天花板上依然留着杨绛的手印。

杨绛心灵手巧，在毛线编织方面很在行，家里人穿的毛衣、毛裤都是经过杨绛的手编制而成。后来，这些旧衣物不怎么穿了。有一天，杨绛准备将钱钟书的一件旧毛衣捐出去，钱钟书发现后上前阻拦，并说了一句让杨绛极为感动的话："慈母手中线"。这句话，说出了钱钟书对杨绛一生辛劳的感谢。即便是不再用的东西，钱钟书也感觉同样凝聚着妻子的心血，是夫妻二人感情的结晶。

1992 年夏天，杨绛的脑血管出现微弱的梗塞，医生劝说杨绛住院诊治。钱钟书非常担心，感觉比自己生病还要焦急。杨绛经过一段时间的治疗后痊愈。

1993年2月5日，农历正月十四，医院通知钱钟书住院检查。当时，尽管钱钟书并没有感觉到身体有什么异常，但杨绛已经提前从医生那里了解到了病情。杨绛陪同钱钟书住进北京医院，接受放射科CT检查。结果很快出来了：钱钟书的输尿管里长了个瘤子，导致输尿管已经变形，需要动手术。

这种手术具有一定的风险，需要杨绛签字。医生通过反复检查和会诊，终于在一个月之后决定动手术，杨绛瞒着钱钟书签了字。3月5日，钱钟书被推进了手术室。杨绛和女儿钱瑗还有中国社科院特意派来的女同志，三人一起守候在手术室门口。六个小时之后，手术顺利完成，去除了钱钟书输尿管上的肿瘤和一个坏死的肾。

住院期间，钱钟书非常配合医生的工作，和医生、护士的关系都很好。很多医生护士听说钱钟书在这里住院，都偷偷跑过来请他在《围城》书上签名留念。杨绛一直在医院陪护钱钟书，女儿钱瑗一人管理一家人的后勤保障。

3月31日上午，在医院住了一个多月的钱钟书夫妇终于走出了医院的门口。司机小王特意送来一束鲜花迎接钱钟书夫妇，他们一起回到三里河寓所。

晚年的钱钟书对人生充满了依恋。钱钟书大病痊愈之后，有位来访的客人无意之中说，自己很多年没有去过医院了，只是偶尔发烧感冒的时候才会去看医生。钱钟书听完客人说的话，马上从沙发上站起来，随后拉起客人的手来到写字台前，将客人的手摁在桌面上拍了三下："我们无锡有这样的传统，长辈听到孩子们说了不该说的话或是夸海口，一定会让孩子在地面上拍三下，这样能逢凶化吉。我们岁数大了，弯腰不方便，我让你在桌子上拍三下，也一样能平安无事。”

1993年春季的一天，钱钟书忽然接到自己清华大学的老师吴宓先生女儿的来信，希望他为即将出版的《吴宓日记》写一篇序文，还寄来书稿。读着恩师的日记，往事历历在目，师生之间的情感涌上心头。钱钟书感慨顿生，他马上回信做了自我检讨，谴责青年时代的自己年少轻狂：“不才少不解事，又好谐戏，同学复怂恿之，逞才行小慧……不才内疚于心，补过无从，唯有愧悔。”钱钟书请求把这封自我检讨的信附入《吴宓日记》公开发表，以此表示对吴宓老师的怀念。

1994年7月30日，当天是杨绛的农历生日。晚间，钱钟书忽然发起了高烧。杨绛马上通知司机，随后一家人到了医院。医生说钱钟书需要住院，杨绛需要陪护，女儿钱瑗坐车回家拿衣物。钱瑗心地善良，知道回家需要时间寻找衣物，就让司机先回家，自己坐出租车去医院，结果因为匆忙忘记带钱包。钱瑗就留下了出租车司机家地址，后来坐出租车想方设法把钱换给了人家。

钱钟书这次住院是因为肺炎，通过检查后还发现在膀胱上有三堆癌细胞，几经手术和抢救，钱钟书的病情终于稳定了下来，但依然需要住院护理。不过，经过这次病魔的折磨，钱钟书牙床萎缩导致假牙脱落，饮食只能采用“鼻饲”，这就需要在饮食方面下功夫。杨绛在医院陪护，女儿钱瑗做后勤。两个月下来，八十多岁的杨绛身体坚持不住了，只好请了一位会悉心照料钱钟书的护工，杨绛只需要每天到医院看望。

1994年10月30日是夏衍的生日，夏衍特意让女儿给因病住在医院的钱钟书送来一块生日蛋糕。钱钟书看到蛋糕非常高兴，兴致勃勃地坐起来，然后用手托着蛋糕观赏。碰巧此时中央电视台的一位摄影记者——蹑手蹑脚地溜进病房，然后不声不响地蹲下身开机偷拍。刚开始钱钟书并没在意。这位记者的胆子渐渐大了，开始站起身来到钱钟书身前公然拍摄。钱钟书就撩起病床上的被子一下子连人和蛋糕都捂了起来。结果，蛋糕上的奶油弄得身上和被子上都是，惹得周围人们都捧腹大笑。这件事不知怎么回事被一位香港记者知道了，就撰写了一篇《被窝里吃蛋糕的钱钟书》文稿。钱钟书了解后说了一句："真不给面子。"

钱瑗工作比较忙，只在每周去医院看望父亲一两次。1995 年的时候，钱钟书说话比较吃力了，但他依然喜欢女儿钱瑗陪他说说话，说家里的事，说学校的事……等钱瑗想走时，钱钟书都会阻拦。可没过几分钟，钱钟书又会催促女儿回家。

钱瑗是在 1995 年开始感觉到身体不适的。当时只是有些咳嗽，认为只不过是感冒，没有当回事。杨绛坚持要钱瑗去检查，结果诊断为支气管炎，但服药之后依然不见效。钱瑗热爱教学工作，就一直坚持带病工作。后来，钱瑗去成都参加学术会议回来之后到医院检查，发现腰椎有阴影，肺部也有阴影。钱瑗被迫住院接受治疗，病情不见好转。1996 年，经过医院专家会诊，确诊为肺癌晚期。院方经过慎重考虑，没有将病情实况告诉杨绛，只告诉了钱瑗的丈夫。

根据杨绛的回忆，女儿钱瑗经过一阵诊治后，头发都掉光了。杨绛得到的消息是：钱瑗得的是骨结核。钱钟书和杨绛都认为可以治愈，一年半载之后就可以出院并向院校提出退休。那边钱瑗在想办法不让母亲杨绛过去探望，担心杨绛看到钱瑗的外貌无法接受。但是，母女连心，杨绛看到钱瑗苍白的脸色心如刀绞……

1996 年 11 月 12 日，女儿钱瑗报病危之后第八天，杨绛来到医院看望还蒙在鼓里的钱钟书后，钱钟书忽然对妻子身后连声呼叫女儿的小名“阿园”，还叮嘱杨绛让司机将女儿送到自己家里去。自此之后，钱钟书再也没有问及女儿的病情。或许，钱钟书在冥冥之中已经预感到女儿的归期将至。

1997 年 3 月 4 日，钱瑗去世。几个月之后，杨绛找到机会，通过一些暗示语向钱钟书渐渐传递女儿去世的信息：女儿现在“没病了”“她没痰了”“她不咳嗽了，能安眠了”……最终到“她已去了”。当时，钱钟书身体温度迅速上升……

病入膏肓的钱钟书依然没有改变看淡名利的品行。这一年冬季，病中的钱钟书得知他的家乡——江苏无锡准备复修他的故居对外开放时，病体沉重的钱钟书就叮嘱杨绛当地政府写了一封信。杨绛信中说：“钱钟书虽然重病，他头脑完全清醒。他十分感谢乡亲们对他的厚爱，但是他全心全意拥护中共中央关于从严控制各种纪念馆的精神，不同意为他修建纪念馆。他认为没有必要……”

1998 年 11 月 21 日，中央政治局委员、中国社会科学院院长李铁映在副院长王忍之的陪同下来到医院看望钱钟书，并带有两个花篮，其中一条缎带上写着：“祝钱钟书先生八十八华诞，李铁映贺。”当时，钱钟书说话已经非常困难，并且沉睡了多日，可此时钱钟书忽然睁开了双眼。李铁映院长走近钱钟书说：“中央几位领导同志都惦记钱钟书先生，多次向我问到钱先生的近况。中国社会科学院的全体同志都很想念钱老。昨天，中国社会科学院的领导在一起开会，专门研究决定，委托我和忍之同志代表院党组和全院同志，热烈祝贺钱老八十八华诞。”杨绛代表钱钟书对李铁映、王忍之的到来表示由衷的感谢。

12 月 19 日凌晨，医生通知杨绛说钱钟书病危，杨绛赶到床前，钱钟书已经合上了一只眼睛，但手还是热的。杨绛轻轻帮助钱钟书把眼睛闭上，然后附在他耳边说："你放心，有我哪！"

杨绛在《我们仨》开头这样写：

"我们俩都老了。

有一晚，我做了一个梦。我和钟书一同散步，说说笑笑，走到了不知什么地方。太阳已经下山，黄昏薄暮，苍苍茫茫中，忽然钟书不见了。我四顾寻找，不见他的影踪。我喊他，没人应。

只我一人，站在荒郊野地里，钟书不知到哪里去了。我大声呼喊，连名带姓地喊。喊声落在旷野里，好像给吞吃了似的，没留下一点依稀仿佛的音响。彻底的寂静，给沉沉夜色增添了分量，也加深了我的孤凄。往前看去，是一层深似一层的昏暗。我脚下是一条沙土路，旁边有林木，有潺潺流水，看不清楚溪流有多么宽广。向后看去，好像是连片的屋宇房舍，是有人烟的去处，但不见灯火，想必相离很远了。钟书自顾自先回家了吗？我也得回家呀。我正待寻觅归路，忽见一个老人拉着一辆空的黄包车，忙拦住他。他倒也停了车。可是我怎么也说不出要到哪里去，惶急中忽然醒了……

是的，这类的梦我又做过多次，梦境不同而情味总相似。往往是我们两人从一个地方出来，他一晃眼不见了。我到处问询，无人理我。我或是来回寻找，走入一连串的死胡同，或独在昏暗的车站等车，等那末一班车，车也总不来。梦中凄凄惶惶，好像只要能找到他，就能一同回家……"

女儿走了，钱钟书随后也走了，只剩下杨绛在"睡梦中苦苦寻觅"，在寻觅"家"的归途。杨绛在《我们仨》的结尾这样写：

"……我们三人就此失散了。就这么轻易地失散了。'世间好物不坚牢，彩云易散琉璃脆'。现在，只剩下了我一人。我清醒地看到以前当作‘我们家’的寓所，只是旅途上的客栈而已。家在哪里，我不知道。我还在寻觅归途。”

结语

人间再无钱钟书

钱钟书去世后，时任中央政治局委员、中国社会科学院院长李铁映赶来慰问。杨绛向李铁映院长说："钱钟书曾经交代，后事从简，不举行遗体告别，不开追悼会，不留骨灰，希望领导能够同意。"当晚，杨绛接到了江泽民总书记的电话："杨绛同志，我非常佩服你们。你们是真正的唯物主义者。中央同意不举行仪式。"

第二天，新华社发布通告：

"著名学者、作家钱钟书先生于 1998 年 12 月 19 日上午 7 时 38 分因病在北京逝世，享年八十八岁。

钱先生的后事一切从简。按照钱钟书先生遗愿，遗体由二三亲人送别，不举行任何悼念仪式，不保留骨灰，并恳辞花篮、花圈。

江泽民总书记在 12 月 19 日晚，钱钟书先生逝世不久，亲自给钱钟书的夫人杨绛打电话，对钱钟书的逝世表示哀悼，希望杨绛先生保重身体。杨绛先生表示感谢。

在钱钟书先生住院和病重期间，江泽民总书记和中央其他领导同志一直惦记着钱钟书先生，多次向有关方面问及钱钟书先生的近况。李瑞环、李岚清、李铁映、荣毅仁、王兆国、胡绳等领导同志，也曾多次前去探望并打电话表示慰问……”

通告后面还详细介绍了钱钟书的生平和主要著作，总共一千多字。当时，国内外很多媒体都转发了新华社的这篇通稿。很快，钱钟书逝世的消息在海外华人的一些报刊上开始登载。在法国，时任总统的希拉克特意给杨绛发来吊唁信（见本书第三章第五节），以此向钱钟书的逝世表示哀悼。美国《世界日报》随后发表社论《认为回忆靠不住，〈围城〉作者不留回忆录》，悼念这位一生不慕名利的国学大师。社论中还专门提到钱钟书在世时接受香港《明报月刊》总编采访说的一段著名的话。当时，很多人公认《围城》是钱钟书的代表作，钱钟书非常幽默地回答：

“……哪里是什么‘代表作’，又不是‘人大代表’。过去写的东西，只能说代表过去的那个水平，现在自己并不满意，也有许多地方需要改写。在谈到是否要写回忆录时，钱钟书说一个作家不是一只狗，一只狗屙了屎，撒了尿之后，走回头时会找自己留下的痕迹闻一闻，至少他不想那么做；回忆是最靠不住的，一个人在创作时的想象往往是贫薄得可怜，到了回忆的时候，想象力却常常丰富离奇得惊人……”

台湾《联合报》发表悼文《清华狂才子，当代一鸿儒》来纪念钱钟书这位接触的学者，给予钱钟书很高的评价。悼文中这样说：

“他是中外记者公认的当代中国名人中最难见的一位。不仅记者，对各界名流他也多敬而拒之。对于‘钱学’的兴起，钱钟书始终持反对态度。他对人表态说：‘我是不喜欢这类东西的人，没想到自己成为组织学会的借口，真是人生的讽刺。人生的讽刺的免不了的，只希望缓刑到人死以后。’这就是钱钟书！‘人为我狂，不知我之实狷’……”

12 月 21 日，在杨绛的授意下，北京医院在上午 8 点 30 分对钱钟书遗体实施了解剖，在取得相关的医学数据之后，随后对遗体进行了缝合。11点之后，钱钟书遗体安放在北京医院的告别室里准备入殓。接下来，钱钟书遗体穿上杨绛之前为他亲手编织的毛衣裤，随后罩上钱钟书晚年最喜欢的黑色呢子大衣。杨绛还特意将贝雷帽戴在钱钟书头上。经过化妆师整容之后，钱钟书仿佛安静地躺在玻璃钢棺椁里睡着了一样。按照钱钟书生前的遗愿，旁边没有鲜花，没有挽联，也没有播放哀乐。值得一提的是，医院的医生和护士还是不顾杨绛的反对，将几盆松柏摆放在钱钟书棺椁旁边。就这样，这位国学大师平静地安息在一片苍松翠柏之中。

中午，纷纷扬扬的雪花飘落了下来，似乎在为这位德高望重的老人送行。杨绛严格遵守钱钟书的生前遗愿，谢绝了众多亲友要护送灵柩的好意，只留下几名亲友。随后，杨绛在旁人的搀扶下来到了临时送别室，将一束雪白中有一朵淡紫色的、名字为“勿忘我”的花束放在钱钟书遗体上。杨绛没有落泪，随后走出告别室坐在一旁沉思。这时候，中央政治局委员、中国社会科学院院长李铁映赶来为钱钟书送行，杨绛对此深表谢意。

下午1点半，四位殡仪馆工人把钱钟书遗体从告别室里抬了出来，随后放进了灵车。这时候，女护工递给杨绛一袋雪白色的月季花瓣，杨绛接过来将白色花瓣小心翼翼地洒在灵车四周。接下来，杨绛和几位亲友、医生上了灵车。参加送别的人员还有中国社会科学院前任院长胡绳、时任副院长王忍之、中共中央宣传部副部长白克明等人。

2点半，钱钟书的灵柩送到八宝山公墓。在遗体火化前，送别的亲友只有几名，的确像钱钟书遗愿里所说的那样。杨绛默默地来到钱钟书棺椁前，默默地注视着躺在里面的钱钟书的遗容。遗体快要进火化炉时，杨绛走上前小心翼翼地揭开了钱钟书遗体上的白色罩单，然后伸手取下钱钟书的眼镜，再一次凝视了这位陪伴自己生活半个多世纪的人。随后，杨绛对前来送别钱钟书的亲友说：“……八十八高龄，最后没有痛苦地去世，应该是喜丧……”

4点半，杨绛就接到了钱钟书的骨灰，她要执行钱钟书遗嘱的最后部分，即不保留骨灰。傍晚时候，在杨绛的主持下，钱钟书的骨灰和当日在八宝山火化的一些人的骨灰一起被深埋在北京郊区的田野里……

自此，人间再无钱钟书。人们要了解这位学者，需要从他的著作中去探寻他的人格魅力。

2003年，杨绛将怀念丈夫钱钟书和女儿的情感撰写成文稿《我们仨》，随后出版了，这本感情真挚的书感动了无数中国人。随后，钱钟书留下的几麻袋类似天书一般的笔记文稿，杨绛开始予以整理，先后装订成册，包括三卷《容安馆札记》和二十卷《钱钟书手稿集·中文笔记》，陆续出版问世。人们得以从钱钟书生前撰写的文字笔记中来洞察这位国学大师。

钱钟书去世之后，杨绛依然笔耕不辍，陆续撰写散文杂记，向人们诉说自己一家三口曾经的人生点滴。她隐身于繁华之外，静心休养，生活低调，很少接受媒体的采访。后来，杨绛以一家三人的名义，把八百多万元的稿费和版税全部捐献给母校清华大学，设立“好读书”奖学金。她之前翻译英国诗人兰德的一首诗，并将其中的几句作为心语：

“我和谁都不争，和谁争我都不屑；我爱大自然，其次就是艺术；我双手烤着生命之火取暖；火萎了，我也准备走了。”

看到这些话，我们仿佛看到了钱钟书一家三口在天堂里其乐融融的温馨画面，似乎听到了他们一家充满诗情画意的笑声……